A. FERRET 1978

ALBUM

DES

OUVRAGES DE DAMES

MANUEL ENCYCLOPÉDIQUE

DE

TOUS LES TRAVAUX A L'AIGUILLE

Par Mme E. BOUGY

ILLUSTRÉ DE PRÈS DE 300 VIGNETTES EXPLICATIVES

PUBLIÉ PAR LA MODE DE PARIS

(L'Illustrateur des Dames)

5, faubourg Montmartre, 5

PARIS

ALBUM

DES

OUVRAGES DE DAMES

PAR

Mme E. BOUGY

PARIS. — IMPRIMERIE FÉLIX MALTESTE ET Cie
22, rue des Deux-Portes-Saint-Sauveur, 22

ALBUM
DES
OUVRAGES DE DAMES

MANUEL ENCYCLOPÉDIQUE

DE

TOUS LES TRAVAUX A L'AIGUILLE

Par Mme E. BOUGY

ILLUSTRÉ DE PRÈS DE 300 VIGNETTES EXPLICATIVES

PUBLIÉ PAR LA MODE DE PARIS

(L'Illustrateur des Dames)

5, faubourg Montmartre, 5

PARIS

PRÉFACE.

« Le travail ennoblit. »

Ceci n'est pas un livre futile, une boutade, le caprice d'un esprit brillant mais frivole ; c'est une œuvre qui doit tenir l'une des premières places sur le guéridon du salon de famille et dans la bibliothèque d'une jeune fille laborieuse. Le goût du travail élève l'âme vers Celui qui fit toutes choses, le travail ennoblit.

C'est à votre vieille amie que l'on a confié l'agréable mission de vous présenter l'œuvre de notre collaboratrice, Mme E. Bougy. Vous avez su depuis longtemps apprécier les rares mérites de cet excellent guide. Clarté, simplicité, patience inaltérable dans les explications les plus ardues, goût sûr, productions charmantes et toujours utiles, voilà, pardon si j'en oublie, les rares qualités de celle qui vous dédie ce livre, le *vade mecum* de toute femme laborieuse. Elle a pensé avec juste raison qu'un pareil manuel manquait à votre bibliothèque, et que, puisqu'il y avait des Abécédaires pour apprendre à lire aux enfants, il était indispensable qu'il y eût aussi une encyclopédie raisonnée de tous les travaux à l'aiguille.

La difficulté était grande à surmonter; expliquer était facile, mais faire comprendre instantanément, sans ennui, aux jeunes filles pétulantes, impressionables, comme on l'est à votre âge, Mesdemoiselles, là était la pierre d'achoppement. Eh bien! tranquillisez-vous. Mme Bougy a songé à tout cela. Elle a pris ses mignons outils de travail, et plaçant un de nos dessinateurs en face d'elle, elle lui a fait reproduire une à une, en même temps que la pose des mains et la façon de tenir les outils, toutes les phases de l'œuvre à exécuter. Crochet, filet, tricot, tapisserie, broderie, etc., rien n'a été oublié, et chaque genre a son chapitre particulier. Puis, pour terminer chaque série d'une façon plus complète, votre guide a placé, à la fin des explications, un certain nombre de travaux complétement achevés résumant tous les principes énoncés et leur servant d'application et de complément.

Songez, chères lectrices, qu'il y a plus de trois

cents dessins dans ce manuel. Combien devait être puissant le mobile qui donnait à notre collaboratrice cette patience admirable ! Elle pensait à vous toutes, nos fidèles amies depuis onze ans, elle se disait que la sympathie que vous ne cessez de témoigner à l'*Illustrateur des Dames*, méritait une récompense proportionnée à l'amitié donnée. Elle pensait encore à toutes ces jeunes filles qui sortent souvent de pension incapables de faire œuvre de leurs dix doigts, et elle se disait que l'oisiveté tue la femme la mieux trempée moralement et physiquement, qu'il est bon, qu'il est naturel de se distraire, mais qu'en revanche, il est indispensable qu'une femme travaille, fût-ce pour son agrément.

Voyons, entre nous, Madame, croyez-vous que les pantoufles que vous offrez à votre mari ne lui paraîtront pas plus élégantes, plus confortables que celles achetées dans le magasin à la mode? Et ces mille riens charmants que vos mains délicates auront façonnés, ces housses, ces tentures, ces pouffs, croyez-vous que l'œil en se reposant dessus n'amène pas chaque fois une foule de souvenirs pleins de charme? Croyez-vous, chère enfant, dont les grands yeux frangés et limpides lisent ces quelques lignes de votre vieille amie, pensez-vous, dis-je, que le porte-cigare brodé dans lequel votre papa renferme précieusement ses havanes dorés, ne vous vaudra pas plus d'un baiser de remercîment? C'est si doux, si bon le baiser d'un père?

Mais, pardon, Mesdames, j'oubliais le nom de celui à qui vint le premier l'initiative de cette œuvre utile entre toutes, à M. Charles Vincent, notre collaborateur aimé, pionnier infatigable, toujours à la recherche du nouveau placer où il puise à pleines mains les perles qu'il est si heureux et que nous sommes si fières de vous offrir.

Je m'aperçois, en terminant, qu'au lieu du rôle de marraine j'ai pris celui de sermonneuse; excusez votre vieille amie, et soyez aussi joyeuses de recevoir ce livre qu'elle est heureuse de vous le présenter.

Baronne DE ROTIVAL.

Paris, le 31 décembre 1867.

1.

FRIVOLITÉ

FRIVOLITÉ.

LA NAVETTE.

Quelquefois, les appellations de certains objets sont un véritable contre-sens, ce qui n'est pas le cas pour le travail dont nous allons nous occuper en ce moment ; rien n'est plus frivole, plus léger que les ronds ou les dentelles que nous réussirons à faire, grâce à ce petit instrument dont voici exactement le dessin, et que nous appelons Navette à frivolité.

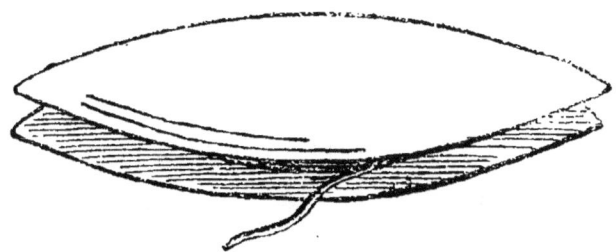

Ce petit outil se fait en ivoire, en nacre, en bois, en écaille ; il faut, en général, préférer ceux en nacre ou en ivoire, et les choisir aux pointes aiguës, se rapprochant bien l'une de l'autre aux extrémités.

La première opération consiste à charger sa navette, c'est-à-dire à tourner son fil autour de l'intérieur, comme on le ferait sur une bobine; lorsque l'épaisseur du fil est la même que celle de la navette; on casse son fil et on se met au travail.

Le système que je vais vous démontrer ici, est entièrement nouveau, et sa vogue est due à ce qu'il est d'abord plus simple et plus facile que l'ancien, ensuite que les mains y déploient une grâce et une agilité qui ne sont pas dénuées de charme et d'attrait; il n'y a qu'un petit mouvement de va et vient imperceptible à observer, lequel s'opère sans l'ombre de difficulté et de tension des muscles.

LE POINT PROPREMENT DIT.

Après avoir chargé notre navette comme je viens de l'expliquer plus haut, il faut tourner son fil autour de ses doigts de la main gauche, en tenant le petit bout sous l'index, et faisant revenir le fil autour du majeur, de l'annulaire et du petit doigt, pour le retenir encore entre le pouce et l'index comme dans notre croquis n° 1.

Nous tenons donc notre navette de la main droite et notre fil tendu de la main gauche; il doit se trouver un intervalle entre l'index et le majeur où le fil est libre; il faut alors passer sa navette sur

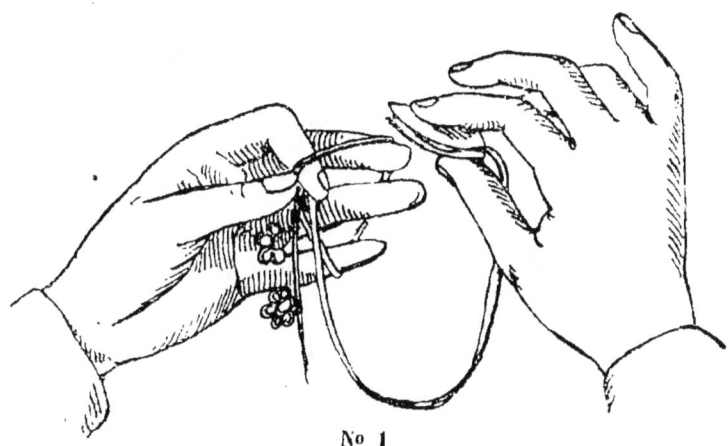

N° 1

ce fil à plat, de devant en arrière, comme l'indique notre croquis n° 2.

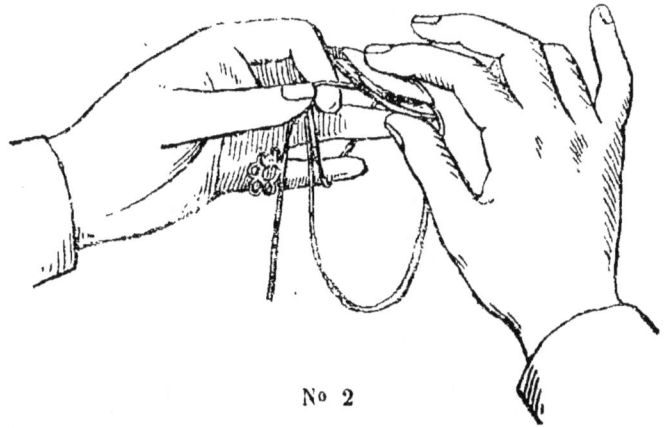

N° 2

puis baisser sa navette en deçà du fil tendu et la

ramener en devant en dessous du fil, comme l'indique notre croquis n° 3.

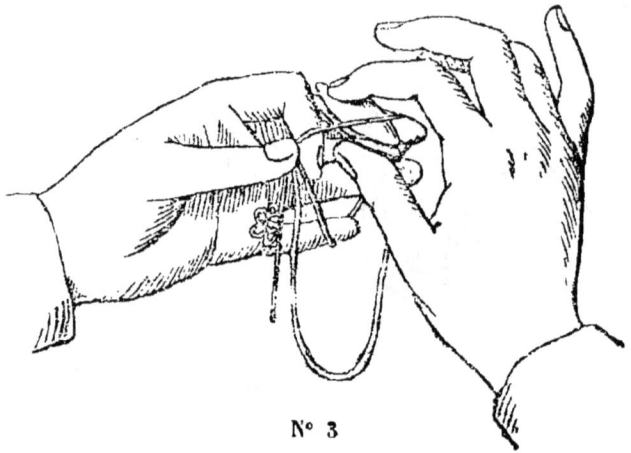

N° 3

Nous avons donc, dans les deux mouvements indiqués, passé notre navette de dessus en dessous notre fil; maintenant il nous faut former notre nœud, ce qui est peut-être la seule difficulté de la frivolité.

La main droite qui tient la navette doit alors bien tendre le fil travailleur, puis, au moyen du doigt majeur, on relève le fil de l'anneau comme l'indique le croquis n° 4.

De là dépend tout le système, ce n'est pas le fil travailleur qui forme le nœud, mais bien celui de l'anneau, et ces nœuds doivent permettre audit fil de se tirer à volonté comme il le ferait dans une coulisse, comme le ferait encore un point de feston à cheval sur un fil, c'est grâce à cela que nous pouvons former les ronds à la grandeur que nous voulons.

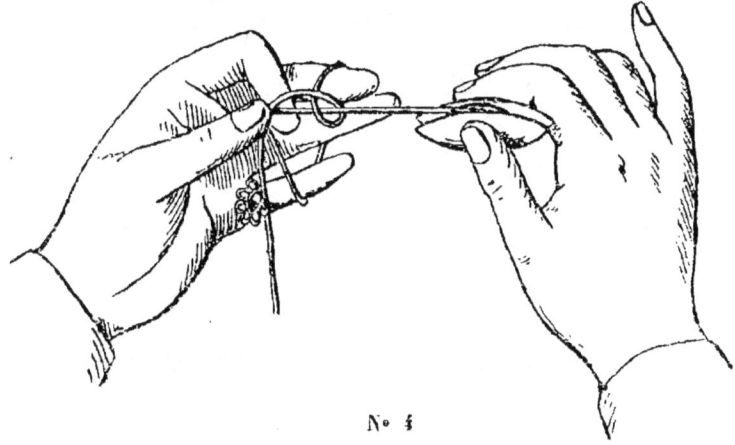

N° 4

Le point de la frivolité se compose en général de deux points juxta-posés, celui-ci à l'endroit, celui-ci à l'envers: nous venons de faire le premier, arrivons au second qui est aussi facile, seulement il s'exécute dans le sens opposé.

On commence par passer la navette en dessous du fil de l'anneau, comme dans le croquis n° 5; puis, le faisant passer de dessous en dessus, on le ramène devant soi comme dans le croquis n° 6, puis on tend bien le fil de la navette, on lève le doigt majeur pour former le nœud qui, si vous l'observez bien sur notre croquis, se trouve tourné en sens tout à fait inverse du premier.

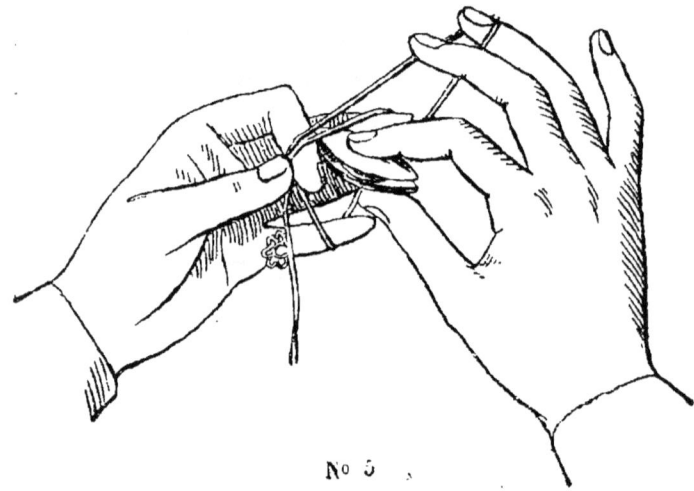

N° 5

Je me relis attentivement, je regarde de nouveau

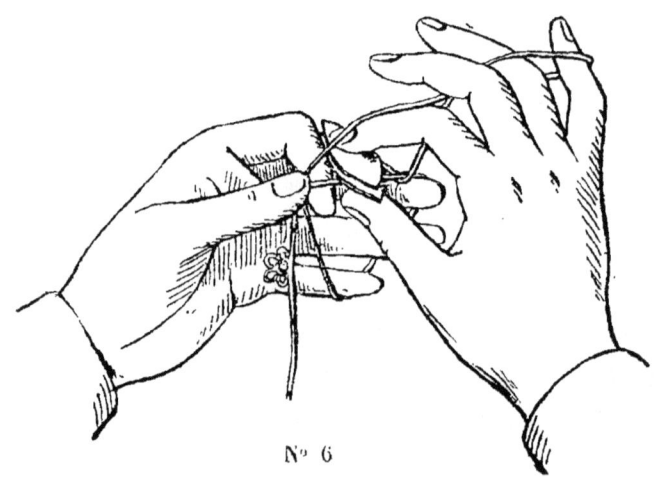

N° 6

mes croquis, et j'avoue qu'il me semble bien difficile de n'être pas comprise, continuons donc :

Lorsque l'on a sur son anneau de fil, le nombre de points indiqué par le dessin, on tire ledit fil de l'anneau jusqu'à ce que celui-ci soit assez fermé pour former une petite bouclette bien ronde, puis, si on veut refaire un second anneau à côté du premier, on retourne son fil autour de ses

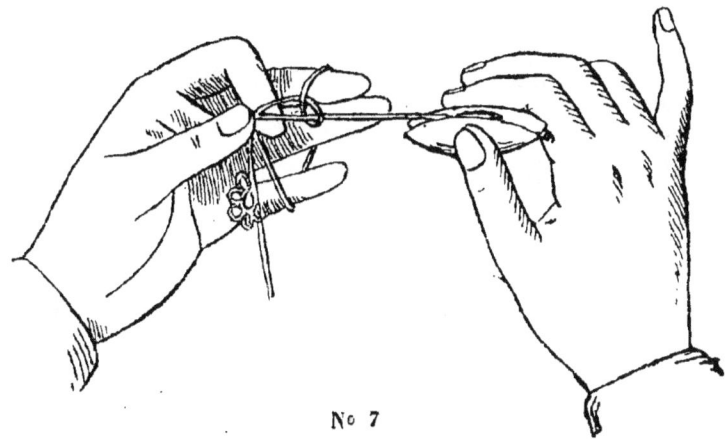

N° 7

doigts comme au croquis n° 1, et on recommence comme je viens de l'expliquer plus haut.

Du reste, ce croquis nous sert encore à nous rendre compte de ce travail.

LES PICOTS.

Le point de frivolité proprement dit, est toujours entremêlé de picots, ceux-ci s'obtiennent tout

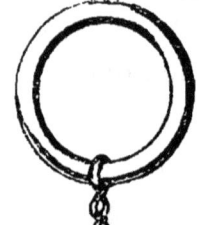

naturellement en ayant soin de laisser entre chaque double point un petit espace régulier, de sorte qu'en poussant les nœuds à côté les uns des autres on se trouve avoir une petite bouclette en fil que l'on appelle picot; on se sert de ces picots, pour relier les petits anneaux les uns aux autres; soit que l'on veuille former des trèfles, des étoiles ou des dentelles.

Je vais vous apprendre le moyen de vous servir de ces picots.

Il vous faut un petit crochet d'acier, et comme son usage en est continuel, on en a disposé au bout d'une petite chaînette, laquelle tient elle-même à un petit anneau d'ivoire que l'on passe dans son petit doigt, ce qui vous permet de l'avoir toujours.

On passe donc son crochet dans le picot de l'anneau, de bas en haut, comme dans le croquis n° 8, puis on vient prendre le fil de l'anneau que l'on travaille, on le tire dans le picot, puis on entre sa navette dans la bouclette formée par ce

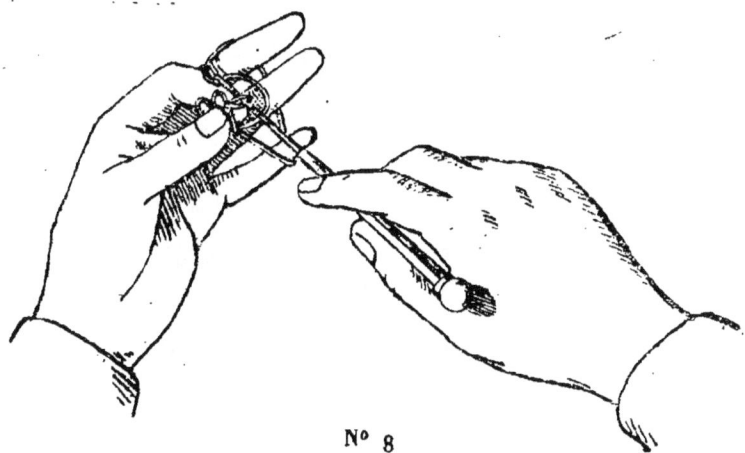

N° 8

fil tiré comme dans le croquis n° 14, et on relève

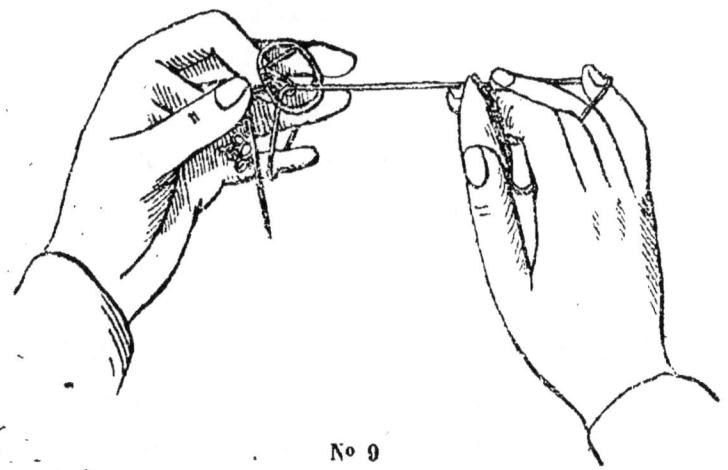

N° 9

le doigt majeur, comme dans le n° 9, le nœud se trouve tout naturellement à la place voulue, puis on continue ses points et ses picots à la place indiquée par le dessin, de là dépend seulement la formation des trèfles, des ronds, des dentelles, de la frivolité, c'est-à-dire de l'endroit où les picots se rejoignent les uns aux autres.

MODÈLE DE FRIVOLITÉ.

Pour compléter l'explication et me faire mieux comprendre, je vais terminer par l'explication de trois dentelles qui sont le pivot, si je puis m'exprimer ainsi, de tous les autres travaux exécutés en frivolité.

N° 10.

Première dentelle. — 4 points doubles, 5 picots espacés par un point double, 4 points doubles, tirer son fil pour fermer sa première bouclette.

Recommencer 4 points doubles, entrer avec le crochet dans le dernier des picots de la bouclette précédente et procéder comme je viens de l'expliquer pour les croquis 8, et 9, puis faire 4 picots avec leur intervalle d'un point double entre chaque. On ne fait que 4 picots, le quatrième servira à rattacher, à réunir la troisième bouclette à la deuxième dont chacun des anneaux aura 3 picots; si on veut en avoir 5, on fera alors 6 picots à chacun des anneaux, le dernier servant toujours à réunir l'un à l'autre.

Cette petite garniture, l'A B C de la frivolité, sert à garnir les bas de jupons, les pantalons dont il garantit les ourlets de l'usure; pour haut de chemise et lingerie fine, elle est aussi fort employée.

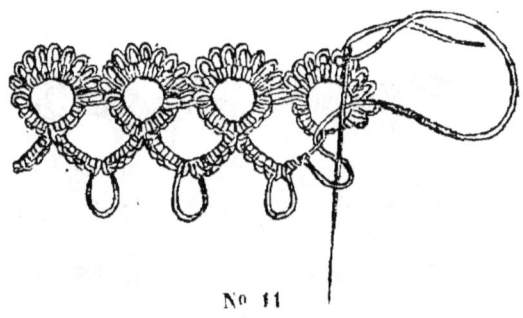

N° 11

Deuxième dentelle à pied de crochet. — Cette dentelle, un peu plus compliquée, se fait ainsi : 2 poins doubles, 9 picots, 2 points doubles, fermer la bouclette, en recommencer une semblable en laissant un petit intervalle d'un petit centimètre à peu près, mais reliant sur les côtés les bouclettes, continuer toujours de même autant de bouclettes que l'on veut de longueur à la dentelle.

Puis enfiler une aiguille du même fil qui vient

de vous servir pour faire les bouclettes et travailler sur le fil d'intervalle : faire d'abord un point de feston ou de boutonnière, puis remonter son aiguille de haut en bas en dessous du fil tendu ; puis, revenant en devant, entrer ladite aiguille dans l'anneau pour former le point de feston en sens inverse de celui déjà exécuté, ce qui nous reproduit exactement le double point à l'envers et à l'endroit de la frivolité.

N° 12

Suivant l'espace que l'on a à remplir, on fait 2 ou 3 points doubles, puis un grand picot, puis 2 ou 3 points doubles parallèles aux premiers.

Enfin, à l'aide d'un crochet, faire le pied pris dans chaque picot et exécuté en chaînettes pour les intervalles.

Troisième dentelle. — Cette troisième dentelle que je fais entrer encore dans les principes nous guidera dans la direction de beaucoup d'autres ; quoique double, elle se fait à l'aide d'une seule navette.

Il faut commencer par 2 points doubles, 7 picots avec espace d'un point double, 2 points doubles, fermer la bouclette.

En recommencer une autre composée de 2 points doubles, 7 picots, 2 points doubles, fermer l'anneau. Cet anneau se trouve être celui du bas, on le tourne donc en conséquence, puis on retourne pour travailler à côté de la grande bouclette première. Il faut, avec le crochet tirer le fil en dedans

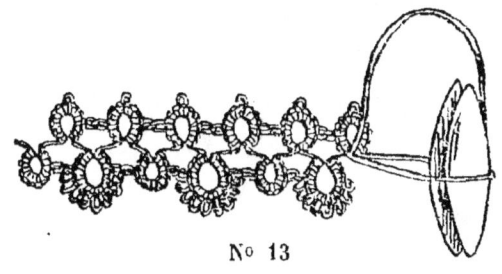

N° 13

du fil d'intervalle, passer la navette dans la bouclette et tirer, puis ramener le petit anneau qui relie les grands les uns aux autres.

2 points doubles, relier cet anneau au premier comme c'est expliqué précédemment ; 2 points doubles, relier au picot qui se trouve là sur le côté à l'anneau précédent, 1 point double, 1 picot, 1 point double, 1 picot, celui-ci sera pour rattacher le troisième picot à celui de 2 points doubles ; fermer cet anneau, puis avec le crochet tirer

le fil sur lequel on travaille dans l'intervalle comme dans le dessin n° 9 ; entrer sa navette dans cette bouclette, puis on se retrouve tout naturellement à refaire la troisième grande bouclette qui est semblable à la première, c'est-à-dire de points doubles, rattacher au picot du petit anneau, puis 6 picots, 2 points doubles, fermer

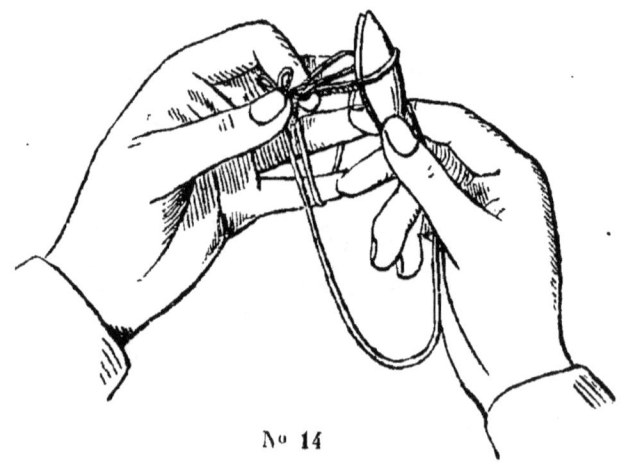

N° 14

l'anneau, puis faire le quatrième grand anneau, celui du bas, qui est absolument semblable aux premiers.

Rendez-vous bien compte : les grands anneaux ne nous donnent que 5 picots extérieurs, quoiqu'à chacun nous en fassions 6, parce que le sixième sert toujours de trait d'union.

Les petits anneaux du haut n'ont pas de picots visibles quoique nous en faisions un mais celui-ci sert de trait d'union du petit au grand.

Aux bouclettes ou anneaux du bas, il n'y a qu'un picot visible quoique nous en fassions deux, le deuxième servant toujours à faire le trait d'union d'une bouclette à l'autre.

Pour la personne qui me lirait sans essayer de faire l'ouvrage, il pourrait rester l'impression que j'emploie des répétitions inutiles, mais celle qui travaille se rendra compte qu'il n'y a pas un mot de superflu.

COMPLÉMENT DE LA FRIVOLITÉ

Pour compléter les principes de la frivolité, nous vous donnons un ensemble de combinaisons a l'aide desquelles vous pouvez obtenir des entre-deux, des dentelles, des ronds ou des appliques.

Les explications techniques deviennent inutiles, les dessins indiquent clairement le nombre de points, la manière de fermer ses carrés ou ses ronds et comme c'est toujours le même point, entrer dans une explication détaillée serait du temps de perdu : lorsque l'on sait réunir en trèfle ou en rond, ses anneaux de frivolité obtenus dans nos desssins 1, 2 et 3, on peut aisément suivre toutes les positions indiquées dans nos autres dessins.

Je vais donc simplement vous en donner la nomenclature.

N° 1, trèfle sans picot;

N° 2, trèfle à picot.

N° 3, petit rond, à six angles.

N°s 4 et 5, petites garnitures simples.

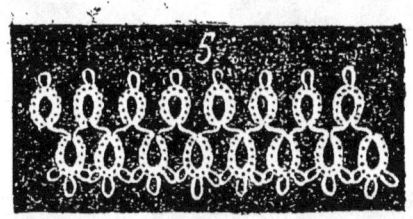

N° 6, garniture avec pied au crochet.

N⁰ˢ 7, 8, 9 et 10, garnitures plus riches pour cols, manches, etc.

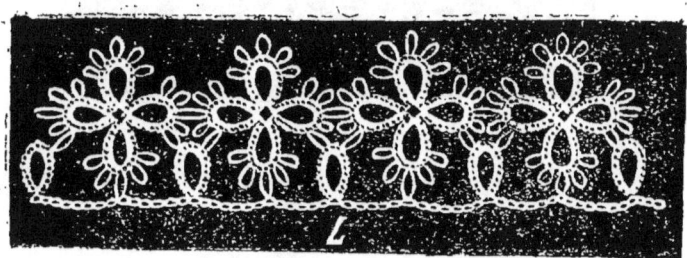

Nos 11 et 12, deux ronds à dispositions variées pour appliques, cols, bonnets, etc.

ALBUM DES OUVRAGES DE DAMES.   24

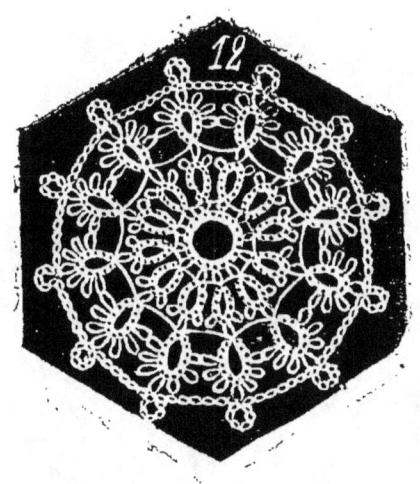

Nº 13, carré pour même usage.

N⁰ˢ 14 et 15, deux entre-deux, riches, faits à l'aide de deux navettes.

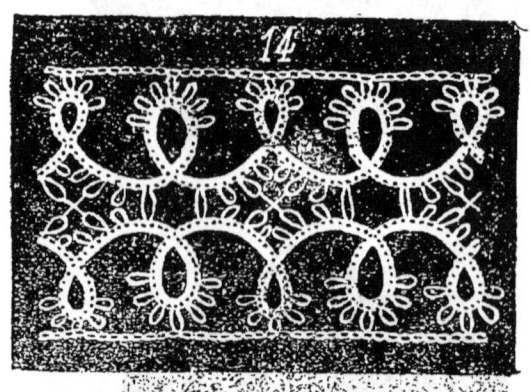

II.

FILET.

FILET.

Le filet est un ouvrage qui remonte à la plus haute antiquité, et dont nous pouvons admirer les produits au Musée de Cluny. Nos châtelaines y consacraient les longues heures de leur veuvage continuel, et y aiguisaient leur patience et leur habileté.

Avant de procéder à la broderie sur le dit filet, il faut, comme le dirait si bien M. de la Palisse, savoir faire le filet lui-même; ce qui avec un peu d'attention, nous sera chose facile. Les outils à employer sont bien simples: il nous faut une navette et un moule. Ces instruments se font en acier ou en ivoire et leur grosseur dépend de celle de la maille que l'on veut obtenir, l'un et l'autre doivent s'assortir; si les réseaux du filet doivent être fins, la navette et le moule seront en acier; si leur grosseur doit être relativement forte et que l'on se serve de laine, les instruments seront d'ivoire ou de buis.

PERRUQUE OU PORTE FILET.

En général on se sert pour exécuter le filet de ce que l'on appelle vulgairement une perruque ou porte-filet.

Aussi, comme pour la perruque la régularité n'est pas de rigueur, nous commencerons notre apprentissage en l'établissant. Cette perruque pourra être faite en coton, car quelle que soit la matière dont nous nous servirons ultérieurement, nous couperons la perruque à l'endroit du raccord.

Des personnes font le filet en s'aidant du pied pour maintenir le fil bien tendu ce qui est indispensable, d'autres accrochent le fil sur lequel on travaille à un objet quelconque présentant une résistance, un crochet, une espagnolette, une clef; moi je préfère de beaucoup le pied, parce que l'on peut éloigner et rapprocher son ouvrage à volonté; mais ceci est affaire de goût et non de règle invariable.

Lorsque l'on n'a pas de perruque et qu'il faut en établir une, on fait avec un fil présentant un peu de résistance un grand anneau assez long, pour qu'après qu'il est entré dans le pied il puisse arriver à la hauteur de la taille; au fur et à mesure que l'on avance dans le travail proprement dit, on diminue la grandeur de l'anneau, en tournant le fil deux ou trois fois autour de son pied.

Une perruque se compose d'une douzaine de rangs; comme elle doit servir à plusieurs ouvrages et qu'on en coupe un rang à chaque fois qu'on démonte un ouvrage, comme on le ferait d'un métier à tapisserie, autant la faire de suite assez longue pour ne la point recommencer souvent.

TRAVAIL DU FILET.

Mettons-nous donc au travail en chargeant notre

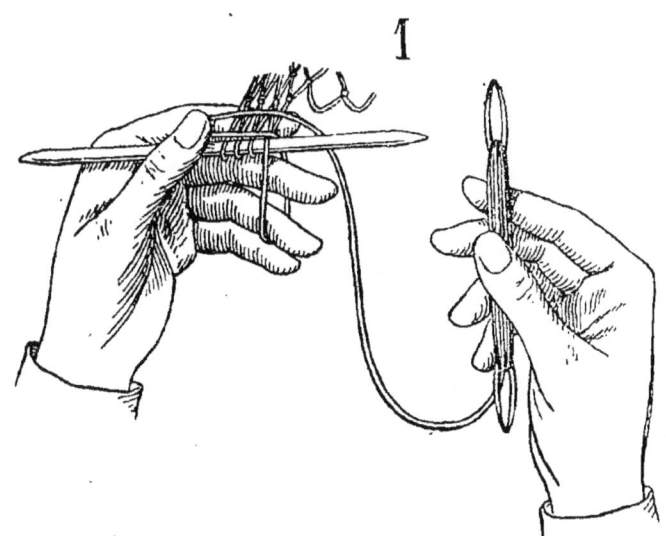

navette, c'est-à-dire, en tournant dans le milieu

son fil sur lui-même, comme c'est indiqué sur la navette chargée de notre croquis n° 1.

Puis regardant bien ce croquis n° 1, qui nous représente la première pose, prenons notre moule

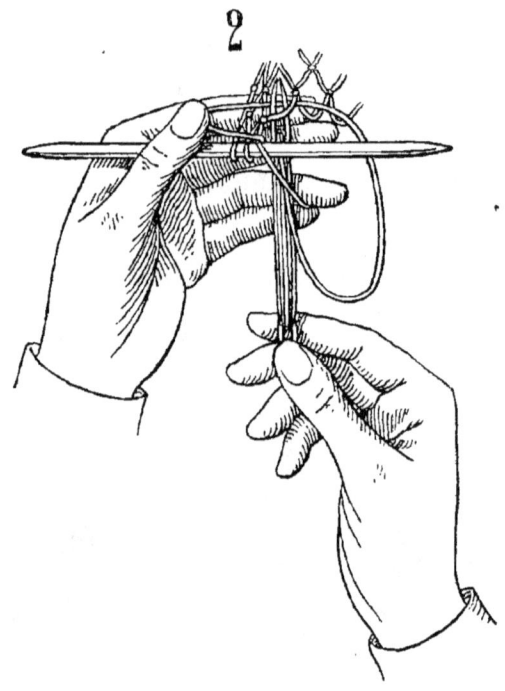

de la main gauche entre le pouce et l'index, tenons notre navette chargée de l'autre main, il faut tourner son fil autour du moule d'abord, puis autour du majeur et de l'annulaire, revenir derrière et ramener son fil sous le pouce et l'index qui tiennent déjà le moule, les deux doigts indiqués et le moule se trouvent enlacés dans un anneau.

Procédons au deuxième mouvement, en faisant tourner le fil qui se trouve sous l'index et le pouce, en l'y maintenant toujours ; le ramener devant, en comprimant cette fois le petit doigt qui doit

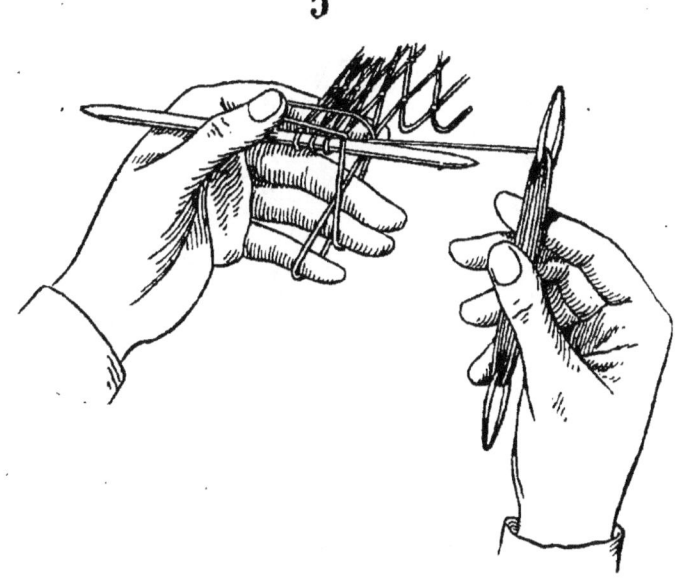

être entouré : on revient donc de derrière devant ; entrer sa navette dans l'anneau qui entoure les deux doigts en dessous du moule et dedans l'anneau qui se présente devant vous, (ou autour du fil sur lequel on monte le filet si l'on établit la perruque).

Ainsi notre deuxième pose est bien comprise, notre navette est entrée dans le réseau du rang précédent, notre croquis n° 2 explique bien cette position, tant pour les mains que pour les fils.

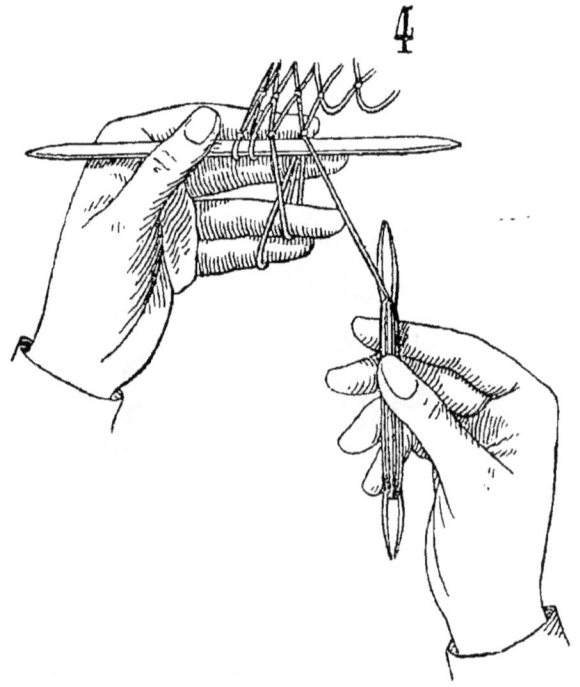

Passons au troisième mouvement: tirer la navette de gauche à droite et maintenir le fil bien tendu ainsi que le représente le n° 3.

Tenant toujours son fil tendu, il faut alors lâcher le fil qui se trouve maintenu sous le pouce et l'index sans laisser partir les autres en même temps, cela est bien important; ainsi, à notre croquis n° 4, le fil qui se trouvait sous le pouce a disparu, il ne reste plus que l'anneau qui entoure le majeur et l'annulaire, il faut alors retirer successivement ses deux doigts de cet anneau et tirer en même temps son fil en baissant la main.

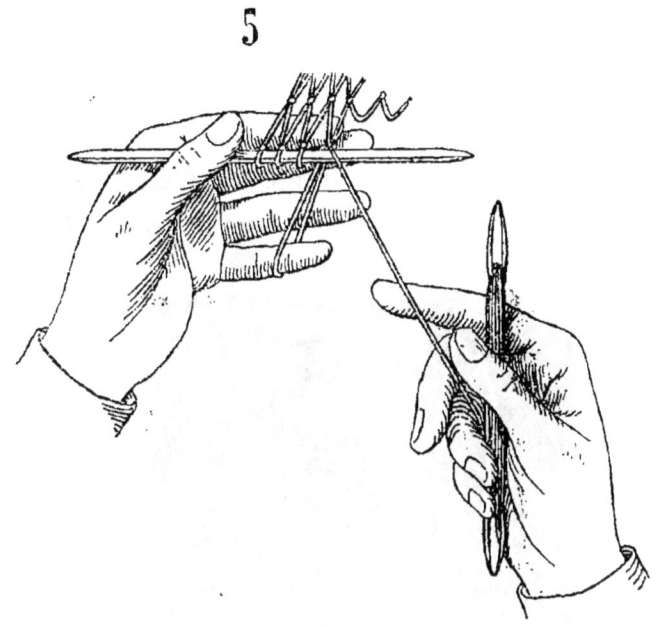

Enfin il ne nous reste plus que le fil qui est retenu par le petit doigt comme dans le croquis n° 5; tout en tirant sa navette pour terminer le nœud il faut monter le plus possible le dit petit doigt près du moule, et ne le retirer que lorsque l'on ne peut plus l'y maintenir, puis serrer encore le fil sous le moule, jusqu'à ce que le nœud soit très-serré à la circonférence du moule ; le beau du travail du filet consiste dans sa régularité, et cette régularité ne s'obtient qu'en suivant exactement la marche que je viens d'indiquer de façon à ce que le nœud ne soit pas lâche et soit tout près du moule.

DIVERS MODÈLES DE FILET.

Lorsque l'on se mêle de donner les éléments d'un travail, il ne faut rien omettre pour en compléter la

définition, aussi je crois utile ici d'indiquer les différentes manières de s'y prendre pour obtenir le filet en bandes, en pointes, en carrés ou en rond.

Le n° 1, nous représente la perruque montée sur son fil.

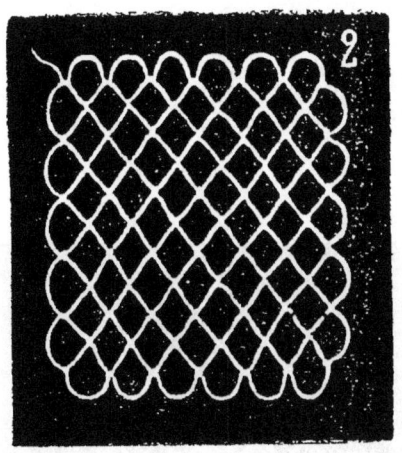

Le n° 2, nous représente le filet en bandes ; attachez votre fil à la perruque et faites dix-neuf nœuds, je dois faire observer que j'emploie le mot nœud, au lieu de maille, c'est à mon idée plus approprié au travail, retourner son ouvrage et cela trente-sept fois de suite pour faire plus long que large il faut augmenter ou diminuer les proportions toujours en nombres impairs.

Maintenant occupons-nous de l'établissement du filet en pointe.

Premier rang, 21 mailles dans 21 mailles de la perruque.

Deuxième rang, retourner son ouvrage, 1 nœud dans la première maille, 19 nœuds dans les mailles suivantes, laisser la dernière maille et retourner l'ouvrage.

Troisième rang 1 nœud dans la première maille 18 nœuds dans les mailles suivantes, laisser la dernière.

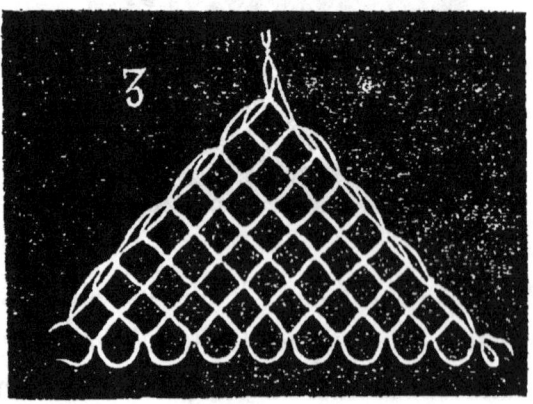

Continuer ainsi chaque rang en commençant toujours dans la première et laissant toujours la dernière, vous arriverez à n'avoir qu'une seule maille sur le moule et vous aurez un rang extérieur de bouclettes qui serviront à recevoir la dentelle qui ornera plus tard l'objet que l'on se propose de faire.

Une petite observation, lorsque détachant le

filet que l'on veut faire à la perruque proprement dite, il reste des petits nœuds d'une autre couleur que l'on défera facilement au moyen d'une épingle.

Carré de filet à mailles carrées. — Le carré de filet généralement employé pour les ouvrages que l'on fait en ce moment se compose de deux pointes comme celles que nous venons de faire, mais réunies ensemble de la manière suivante :

Lorsque la dernière pointe de filet est terminée et qu'elle est séparée de la perruque, on la retourne on passe un fil dans la bouclette de la pointe, puis vous attachez votre fil par conséquent au côté le plus large et vous faites au premier rang 1 nœud dans la première maille, 19 nœuds dans les mailles suivantes et laissez la dernière.

Deuxième rang : 1 nœud dans la première maille.

18 nœuds dans les mailles suivantes, laisser la dernière.

Continuez ainsi jusqu'à ce que vous n'ayez plus qu'une maille, et coupez votre fil.

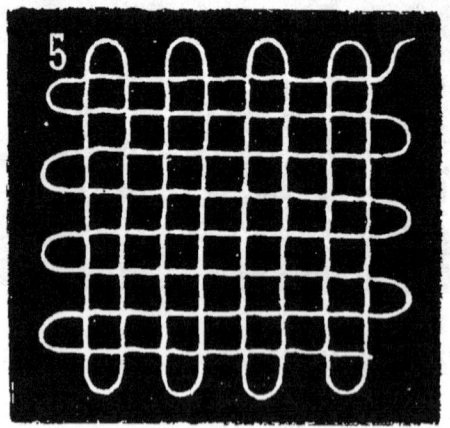

Il est un autre système pour obtenir un carré qui serve à la broderie, que je préfère de beaucoup pour être monté sur métier, car il donne une petite lisière très-solide.

On commence par une seule maille dans laquelle on en fera deux.

Puis retournant son ouvrage, on fait une maille dans la première, et deux dans la dernière et ainsi de suite, augmentant toujours à la dernière maille jusqu'à ce que l'on soit arrivé à la moitié du nombre de points que l'on veut obtenir; à ce rang on fait une maille de plus que le nombre de réseaux que l'on veut obtenir; puis aux rangs suivants, on diminue chaque fois en prenant ensemble les deux mailles dernières de chacun des rangs, et n'en formant qu'un seul nœud.

Pour les bandes proprement dites ou filet, on fait 12 points.

Premier rang : commencez par tourner votre fil deux fois autour du moule, disposez-vous ensuite à faire une maille ordinaire ; mais, au lieu d'entrer votre navette dans une maille du rang précédent, passez-la à votre gauche sous le fil que vous avez jeté sur le moule et serrez cette maille exceptionnelle avec les précautions nécessaires pour que le nœud se trouve bien formé et placé près de ceux des mailles qui doivent suivre.

Faites maintenant 11 nœuds dans les mailles suivantes et laissez la dernière, retournez l'ouvrage.

Deuxième rang : 11 nœuds dans les 11 premières, 1 nœud dans la douzième qui se trouve plus grande, mais avec les précautions nécessaires pour réduire cette maille à la grandeur ordinaire et avoir en plus une bouclette comme précédemment.

Troisième rang comme le premier.

Quatrième rang comme le deuxième.

Continuez ensuite en alternant les rangs pairs et impairs jusqu'à ce que vous ayez la longueur dont vous avez besoin.

Terminez ensuite le travail comme vous le feriez pour un carré, en diminuant d'un point à la fin de chaque rang.

Une manière plus simple de faire les bandes de filet est de s'y prendre comme je le disais plus haut : commencer par une pointe, faire le nombre de points pour obtenir la largeur voulue en en ajoutant deux de plus ; puis alternativement vous faites un nœud dans les deux dernières mailles et deux nœuds alors dans la dernière maille de l'autre rang ; puis pour rétablir le biais au bout de la bande on termine en diminuant régulièrement d'une maille afin de n'en avoir plus qu'une au bout, sans en avoir l'air, ce rang rétablit le droit fil de la bande.

Les augmentations, en général pour le filet, s'obtiennent en faisant plusieurs nœuds, suivant l'indication, dans le même réseau et les diminutions, en entrant sa navette dans 2, 3 ou 4 réseaux à la fois et ne formant qu'un nœud. Ceci dit, et je crois le plus clairement du monde, passons à la broderie en elle-même sur le filet, laquelle se compose de plusieurs points.

BRODERIE SUR FILET.

Point de toile ou de reprise. — Commençons par le point de toile ou de reprise, le point primitif et dont nous retrouvons les échantillons en bien plus grand nombre à Cluny, que des autres; le point de reprise est le point fondamental. Au premier abord il ne paraît point chose difficile, le travail à la vérité n'étant que celui de la reprise, c'est-à-dire des fils se croisant l'un sur l'autre et se contrariant, mais la difficulté du point de toile est toute dans sa marche. Il faut que lorsqu'un dessin, tel compliqué qu'il soit, est terminé, il faut que le dernier fil vienne juste soubasser et rejoindre le fil du début, là est toute la science, il ne faut jamais revenir sur soi-même dans le travail de la toile, ni couper son fil et jamais il ne doit y avoir six fils dans un sens et quatre dans l'autre, la plus grande régularité doit exister; pour suivre un dessin on lance souvent un fil dans un carré pendant que l'on recroise l'autre, c'est à ce système suivi religieusement que l'on doit de ne revenir jamais sur soi-même. Un moyen aussi de redescendre d'un carré terminé à un autre que l'on veut commencer, est de cordonner le bord extérieur; le croquis que j'ai fait faire vous montre bien la manière de lancer ses fils en recouvrant un autre carré; dans ce dessin, lorsqu'il sera terminé, le carré du milieu sera entièrement vide.

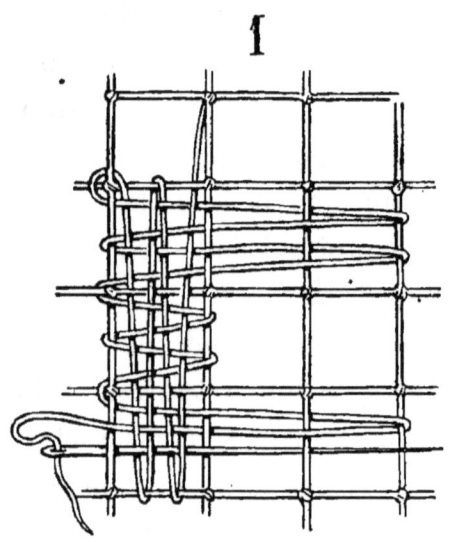

Point d'esprit. — Le second point dont nous allons nous occuper est aussi fort employé, il remplace pour ainsi dire le point de fond de la tapisserie.

Comme pour le point de toile toute la difficulté du point d'esprit consiste dans sa marche, car ce n'est à proprement parler qu'un point de boutonnière très-lâche lancé d'un carré à un autre.

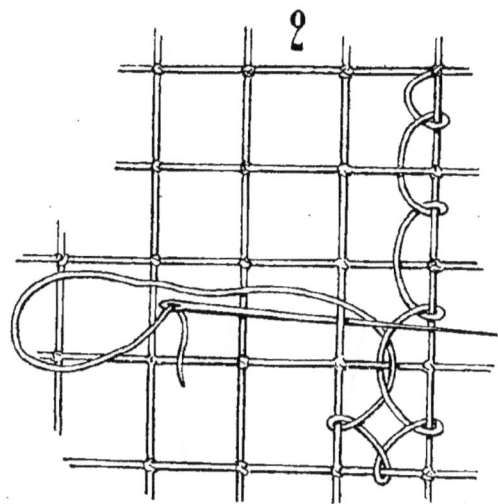

Le croquis n° 2 nous montre parfaitement la

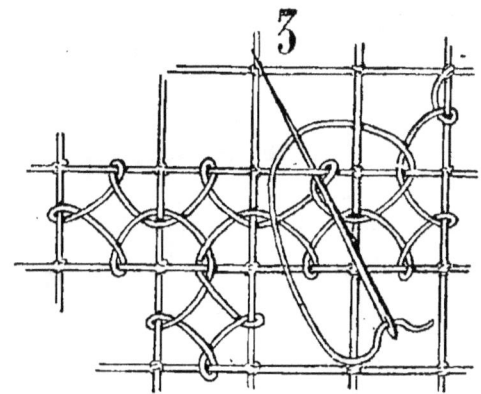

place de l'aiguille pour former le point ; aussi bien

que dans la toile il ne faut pas revenir sur soi-même, et ce serait même bien plus difficile à dissimuler en cas d'erreur.

Le croquis n° 3 nous montre la manière d'entrer l'aiguille dans le nœud du rang précédent, on entre donc son aiguille dans la bouclette, de haut en bas, puis on fait passer le filet sur l'aiguille et on tire.

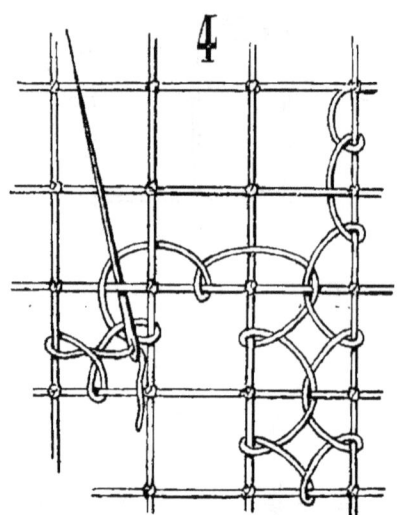

Enfin au croquis n° 4 j'ai fait tracer la manière de lancer son fil lorsque l'on veut tourner une encoignure et la manière d'entrer deux dans le fil qui traverse cette encoignure.

Point de fichu. — Passons au n° 7 qui est le point de fichu. On le fait en lançant un fil en travers du carré, puis en passant après son aiguille alternativement en dessus et en dessous des fils du filet et de celui qui est lancé, puis on cordonne le dernier rang comme au point d'étoile.

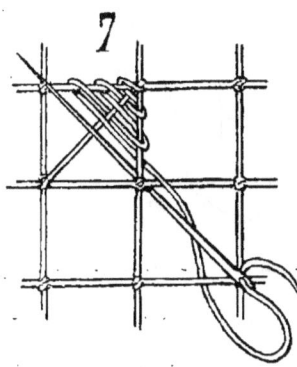

Point de demi-lune — A ce point on tend auss son fil dans le milieu du carré, puis on travaille en même temps sur les deux fils des carrés suivants et cela dans le bas du carré au lieu de débuter dans le haut, on tourne sur la branche de l'angle du bas, puis on passe son fil en dessus et en dessous des fils du carré supérieur jusqu'à la branche, de l'autre côté, puis on revient sur soi-même en tournant autour et en contrariant ses points. Du reste le croquis aidera beaucoup à saisir le travail.

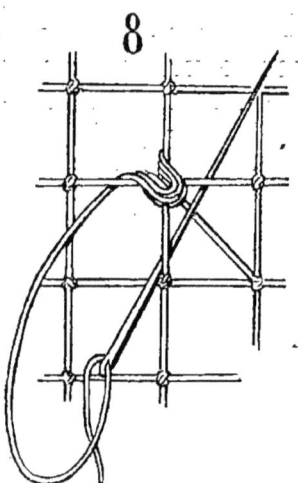

Point de pois. — Cette fois on remplit quatre carrés, on jette d'abord ses fils en croix, puis à partir du milieu on tourne en colimaçon autour du point central, en contrariant bien ses fils à chaque rang.

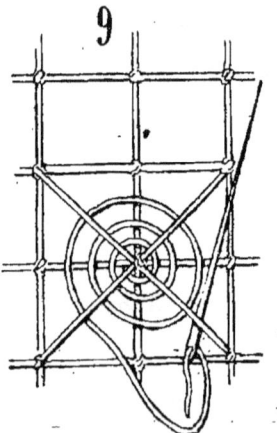

Point de roues. — Le croquis n° 10 représente le

point de roues double, lequel se fait sur quatre carrés, comme le précédent, on fait à l'intérieur du carré d'une branche à l'autre un point d'esprit puis on passe son fil dans tous les trous formés par le point d'esprit, cela forme un rond ou roue que l'on cordonne soigneusement pour le régulariser. Il y a une autre manière de faire cette roue,

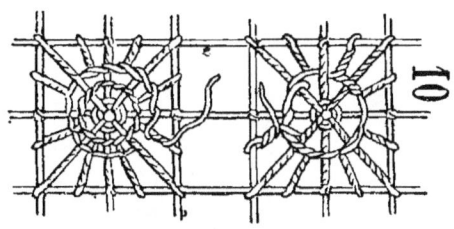

lancer ses fils en croix, passer un fil à l'intérieur du carré d'une branche à l'autre, cordonner le rond; puis relancer encore des fils partant de ce rond jusqu'aux branches du filet et cordonner ces petites branches.

N° 11. *Point de feston.* — Dans les dessins de filet on trouve bien souvent de grandes ou de petites pyramides partant de la base du fil du filet et allant se terminer en pointe à l'autre extrémité. Quelquefois ces pyramides se font dans l'intervalle d'un seul carré, d'autres fois elles en remplissent deux et même trois. Le travail consiste tout simplement en un point de feston pris d'abord à cheval sur le fil du filet, puis le même point repris dans ceux du rang précédent ; on fait le premier rang de droite à gauche, le second de gauche à droite et par le mouvement de va et vient on supprime tout naturellement un point à chaque tour, ce qui fait que dans le haut on n'a plus qu'un point qui se prend aussi sur le fil du haut du carré ; ce qui nous donne la pyramide.

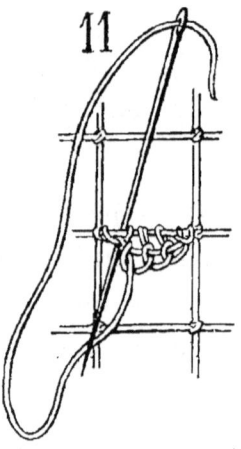

Points de reliefs. — Il n'est plus de jolis carrés sans qu'ils soient agrémentés de point de relief, ils se font pour représenter des fleurs, des feuillages, etc.; des marguerites en relief sont délicieuses. Les reliefs remplissent quelquefois l'intervalle d'un seul carré, quelquefois ils sont faits sur deux et même trois carrés. Pour nous rendre bien compte du travail regardons nos croquis 12 et 13. On lance en tournant autour des angles des extrémités huit fils allant d'une extrémité à l'autre, puis pour travailler on soulève trois de ces fils sur son aiguille, on passe sur deux fils, on ressoulève les trois derniers fils sur son aiguille. Voici un sens du relief tel que le représente le croquis n° 12.

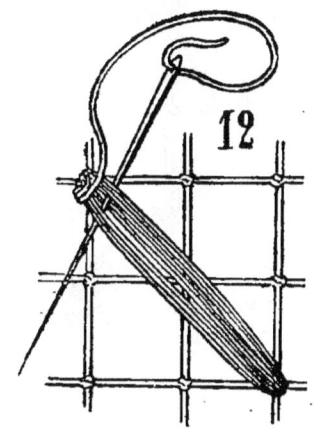

Dans l'autre sens on revient sur soi-même en passant dessus les trois premiers fils, soulevant sous son aiguille les deux du milieu et passant sur les trois derniers, comme dans le croquis n° 13, puis revenant sur soi-même on opère comme dans le n° 12 et toujours ainsi jusqu'au bout du relief. Lorsque l'on veut que la branche du relief forme bien la pointe on partage d'abord ses fils tendus en deux, puis on passe alternativement en dessus et en dessous, en serrant un peu, puis au bout de cinq à six points on partage toujours avec son aiguille ses fils lancés en trois et on opère comme dans les croquis 12 et 13.

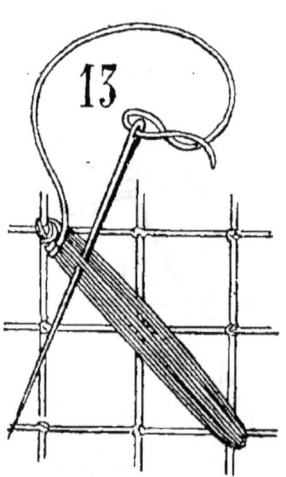

On peut aussi ne point lancer huit fils, si le relief ne doit pas être trop gros, six peuvent suffire, et même cinq au besoin, le fil du milieu serait tout seul.

Il arrive aussi assez souvent que le relief n'a que deux branches, il nous représente alors une amande en broderie; il faut alors lancer des fils en nombres égaux puis passer alternativement en dessus et en dessous de chaque branche.

Souvent l'on voit de grands traits encadrant un dessin, ils se font comme les reliefs en lançant des fils au nombre de deux ou de quatre et passant son fil travailleur en dessus, et en dessous des fils tendus.

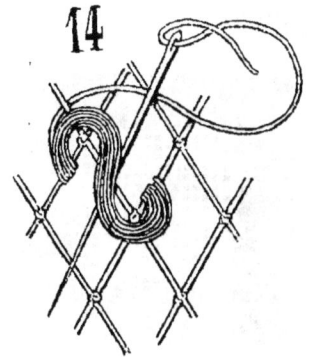

Point d'S. — Le point d'S s'emploie souvent pour bordure, il produit un très-joli effet.

Il se fait comme le point n° 8, seulement en double, on tourne autour du nœud du haut dans un sens, puis dans celui du bas dans l'autre; le dessin ici en dira plus qu'une trop longue explication qui reviendrait sur ce que nous avons dit plus haut.

Ces points sont les principaux de la guipure sur filet quand on a déjà une variété de quatorze points, c'est fort raisonnable cependant; lorsque nous ferons la guipure Renaissance il se trouvera des points que nous pourrons encore exécuter sur le filet.

Je crois que notre album serait incomplet si nous ne joignions aux explications techniques précédentes quelques ensembles de combinaisons de points à l'aide desquels nous pourrons exécuter et comprendre tous les dessins de filet brodés que nous pourrons alors avoir sous les yeux.

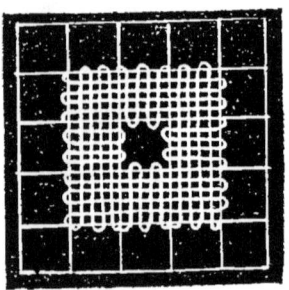

N° 1

Ainsi voici trois dispositions différentes du point de toile dont nous pouvons étudier la mar-

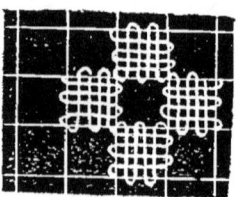

N° 2

che, et nous verrons bien clairement que les fils se contrarient toujours régulièrement, et point n'est jamais besoin de revenir sur soi-même, de passer en dessous pour aller d'un carré à l'autre, et que comme je l'ai dit plus plus haut, on lance souvent ses fils d'un sens, lorsque l'on remplit dans l'autre.

Le milieu du carré n° 3 se remplit par des points lancés avec petits pois au milieu.

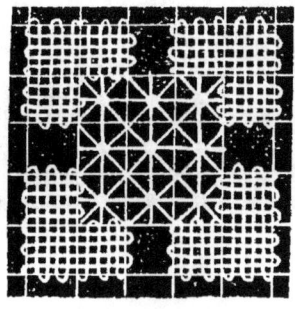

N° 3

Le n° 4 se compose d'un point de colonne, c'est-à-dire d'un fil croisé ayant sa base sur deux fils

N° 4

tendus de haut en bas, et d'un double point de croix avec roues dans les angles.

Le n° 5 est un mélange de points d'esprit, simples et doubles, de points d'étoiles en sens inverse, et de petits points d'angle.

N° 5

Le n° 6, bien simple, se fait au point de plume pour les carrés mats, point expliqué dans les jours de la guipure, et au point d'esprit pour les angles.

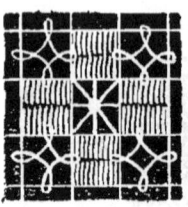

N° 6

Bien entendu que pour tous ces points on doit s'étudier à les suivre, à les enchevêtrer les uns dans les autres, sans casser jamais son fil; on passe souvent de l'un à l'autre sans avoir terminé le premier, cela devient une affaire d'étude et d'habitude.

N° 7

Le n° 7 est un mélange de points de toile et points d'esprit pour les angles ; quant au milieu, ce sont des points décousus et de colonne alternés avec fils lancés, pour les cerner en ronds.

N° 8

Le numéro 8, que nous retrouverons souvent, est le point d'étoile avec petit point de coin aux angles.

Le n° 9 a ses quatre coins mats, au moyen du point de toile, puis le milieu se compose du point de pyramide, ou point de feston, et des points de coins aux extrémités.

N° 9

Le n° 10 est le point de plume diminué à ses extrémités et point de coin aux angles.

N° 10

Le n° 11, assez léger, est un composé de points d'esprit simples et doubles, de petits points de coins et d'une roue festonnée dans le milieu.

Nº 11

Le nº 12 n'a que le point de pyramide, la tête en bas, et le double point d'esprit dans son ensemble.

Nº 12

Le nº 13, qui est fort mignon, se compose de

Nº 13

petits points de coin bien légers, disposés en parallèles et séparés par des points d'esprit assez serrés.

N° 14

Le n° 14 nous représente des reliefs entourés de points d'esprit, et alternés avec des gros pois mats, exécutés en colimaçon autour des fils lancés; pour la roue du milieu, il faut faire des points de pyramides prenant leur base sur les fils du travers du filet, disposés suivant que le dessin l'indique.

Le n° 15 est un ensemble de points de coins et de points de pyramide alternés ; la croix du milieu s'obtient en lançant tout simplement des fils dans le sens du biais et allant en tournant d'un angle à l'autre. Dans l'autre sens, on lance aussi des fils, mais on les croise en montant comme en redes-

N° 15

cendant avec ceux déjà lancés. Ce point, que je n'ai pas expliqué plus haut, s'emploie aussi beaucoup : bien souvent aussi on entoure un dessin de fils tout simplement lancés, et répété plusieurs fois autour d'un mat, comme dans le carré n° 17.

N° 16

N° 16, bien simple, se compose de deux roues festonnées superposées, et ayant des points de coins aux angles.

N° 17, points de toile entourés de fils lancés, comme je l'ai expliqué plus haut. Points de relief dans les intervalles, roue dans le milieu, et point d'esprit pour le tour.

N° 17

N° 18, point de pyramide pour le milieu, et double point d'esprit, puis point de coin autour.

N° 18

Le n° 19 est un mélange de point d'esprit, de

point de coins renversés, de pyramide et d'une roue pour le milieu.

N° 19

Le n° 20 se fait en points d'angle, en points d'étoile faits dans le sens opposé au n° 8, et ayant sa base sur deux carrés de filets, au lieu d'être

N° 20

sur un seul, une roue dans le milieu, et des points d'esprit pour le tour complètent le carré, qui se trouve bien souvent dans les dessins de filet.

Enfin le n° 21, qui est léger, se fait en points d'esprit simples et doubles, points de coins clairement indiqués, la roue du milieu se trace au moyen de fils lancés.

N° 21

Je crois qu'il serait difficile maintenant de ne point arriver à réunir les dessins de filet les plus compliqués que pourra vous offrir votre journal, et que l'ensemble des points en voie d'exécution et ceux terminés ne laissent rien à désirer, ce qui est le but de ce livre; espérons qu'il sera atteint dans tout son ensemble.

III.

CROCHET ORDINAIRE.

CROCHET ORDINAIRE.

DE L'OUTIL.

Quel est le magicien qui a créé pour nous ce petit instrument si simple dans sa structure et si merveilleux dans les prodiges qu'il opère?

Le crochet est, pour la femme industrieuse, la baguette de coudrier à l'aide de laquelle elle peut transformer la vulgaire pelote de coton, le modeste écheveau de laine, la bobine de cordonnet en mille fantaisies, dont les unes sont de la plus grande utilité et les autres tout d'agrément et de futilité, aussi attrayantes à recevoir qu'à donner.

L'instrument, en lui-même, est toujours à peu près le même : c'est une petite tige se terminant par un crochet.

La forme de celui-ci seul diffère, suivant d'abord le lieu de fabrication, puis encore le genre de crochet que l'on veut exécuter.

Il se fait des crochets en acier, en os, en ivoire, en buis; nous avons les crochets anglais, belges, triboulets, ananas, tunisiens et siamois.

Les crochets d'acier se vendent à la douzaine,

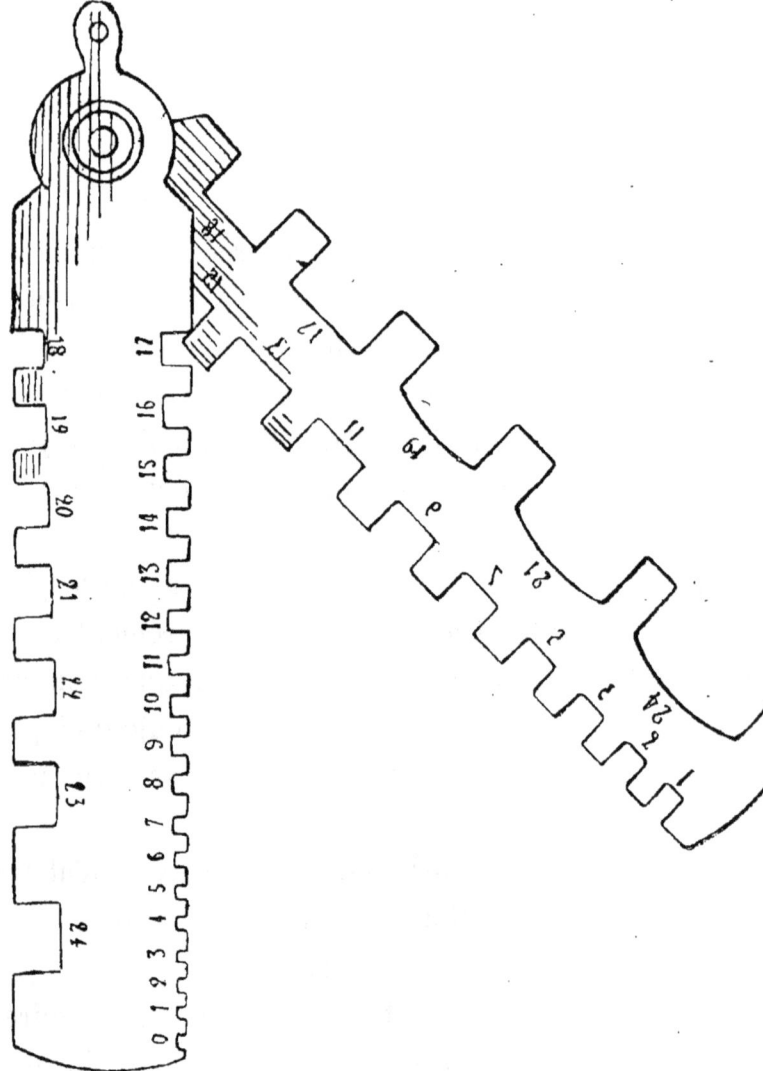

les meilleurs sont de fabrique française; ils se

font unis ou à manches tenant avec la tige ; il en existe aussi qui se montent à pivots sur un manche servant pour plusieurs crochets de différentes grosseurs ; d'autres, qui tiennent à l'étui par une vis de pression, sont les meilleurs, ils sont de la fabrique Grangier, la meilleure que je connaisse, et tout bon marchand mercier doit en avoir de cette fabrique-là ; mais, quelle que soit la provenance du crochet, il doit avoir un numéro correspondant à celui du coton ou de la soie employés.

Pour apprécier le numéro qu'on doit se procurer, il est indispensable d'avoir en sa possession un petit instrument que l'on appelle une filière ; mais cet instrument, qui se fait en cuivre ou en acier, est d'un prix encore assez élevé, aussi ai-je prévenu la difficulté en joignant ici le dessin exact de cet instrument, qu'un frère un peu industrieux pourra parfaitement établir lui-même. Il coupera, dans de la carte bien ferme et bien nette, les encoches telles qu'elles sont indiquées, et cela au moyen d'une pointe de canif bien affilée, il numérotera chaque cran. Il n'est pas indispensable que les deux côtés forment équerre et soient réunis dans le haut, on peut les avoir séparés l'un de l'autre. Cependant rien n'empêche de les réunir par un petit ruban dans le haut.

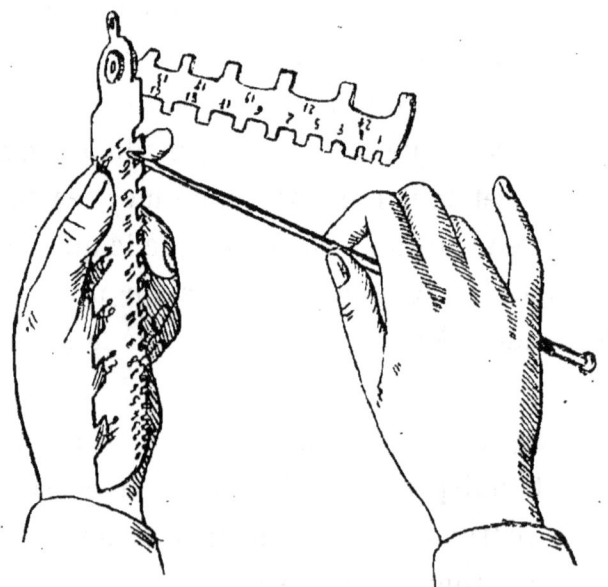

Quant à la manière de s'en servir, elle est aussi simple que possible : il s'agit tout simplement de passer la tête de son crochet dans un des petits crans, et de regarder quel est le numéro correspondant au cran dans lequel il s'adapte, et de demander tout simplement au correspondant le crochet portant ledit numéro.

Quant aux différentes formes et noms des crochets, en voici ci-joint la forme et la nomenclature détaillée.

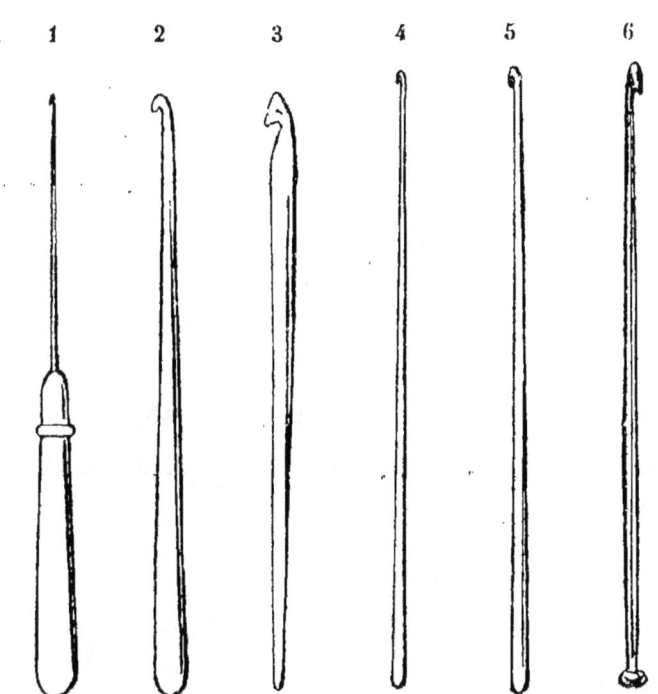

N° 1, crochet à manche. — N° 2, crochet Triboulet. — N° 3, crochet ananas. — N° 4, crochet belge. — N° 5, crochet anglais. — N° 6 crochet tunisien.

DES MAILLES,

Maintenant procédons à l'apprentissage en nous occupant de l'A B C, c'est-à-dire de la position des mains.

Prenez votre crochet de la main droite et faites une boucle à votre fil, passez la pointe de votre crochet dans la boucle, et laissez pendre le bout du fil que vous tiendrez entre le pouce et l'index.

Le fil qui doit travailler se pose sur l'index de la main gauche et se retient par le majeur de la même main.

Maille simple, ou *chaînette*, ou *maille en l'air*. — Les ouvrages en crochet se commencent toujours par un rang de chaînettes, lesquelles se retrouvent souvent dans le cours des travaux, soit dentelle, entre-deux, etc.; alors on les appelle souvent maille en l'air.

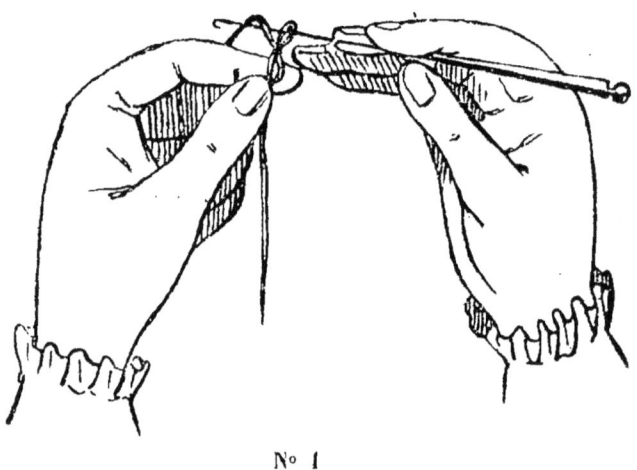

N° 1

Lorsque les mains sont posées comme je viens de l'expliquer, et comme l'indique le croquis, il faut passer le crochet sous le fil qui est sur l'index et le tirer pour le faire passer dans la boucle qui entoure le crochet ; répéter ce mouvement si simple autant de fois que l'on veut avoir de points à son ouvrage.

On peut couper son fil à cet endroit et reprendre le deuxième rang au commencement ou retourner son ouvrage tout simplement.

Manière d'attacher le fil pour commencer un rang sur un autre rang déjà fait, — lorsque, faisant son travail toujours du même côté et qu'il ne doit pas être travaillé à l'envers.

Faites une boucle unie à votre fil, piquez le crochet dans la maille où vous voulez commencer votre rang, entrez le crochet dans la boucle nouée.

Vous aurez deux fils sur le crochet, terminez en attirant le premier fil dans le deuxième.

Maille double. — La maille double ou pleine sert surtout pour les ouvrages au crochet plein, tels que bourses, blagues, etc.; elle est double en hauteur de la chaînette ou maille simple.

Attachez votre fil et faites une maille simple ; piquez votre crochet dans la maille suivante, attirez le fil dans la même maille, vous avez deux fils sur le crochet, passez le fil travailleur par-dessus le crochet, piquez de nouveau votre crochet dans la maille suivante, et continuez ainsi autant de mailles que vous voulez en faire.

A la fin du rang, si ce n'est pas un ouvrage qui tourne sur lui-même, en colimaçon comme en bourse, vous coupez votre fil, car la maille simple faite à l'envers change complétement la forme du point lorsque l'on ne veut pas faire couper son fil,

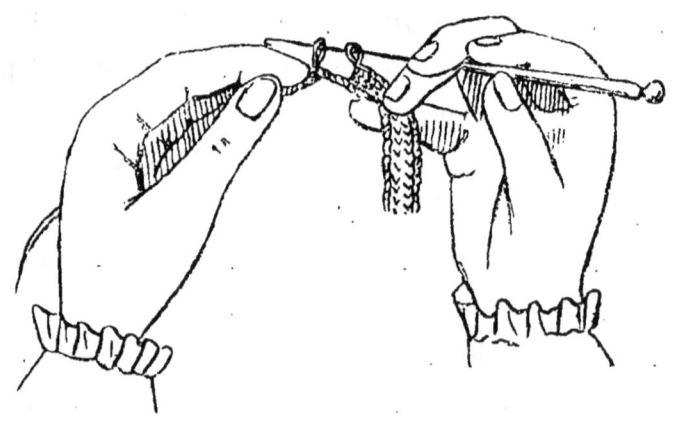

N° 2

et retourner à chaque fois son ouvrage; on obtient alors un travail côtelé, qui ne s'emploie pas pour les bourses; on prend alors le fil de derrière le point de natte au lieu de celui de devant.

La maille passée ou *maille glissée*. — La maille passée n'est employée que pour ne pas couper le fil lorsqu'il y a interruption dans l'effet.

Au dessin de l'ouvrage qu'on exécute ou que l'on veut changer de couleur, piquez votre crochet dans la maille du rang précédent et ramenez le fil par-dessus le crochet pour le faire passer à la fois dans ladite maille et dans celle qui se trouve sur le crochet; répétez cela autant de fois que vous voulez faire de mailles passées, pour les ouvrages pleins qui ont un envers; on laisse la soie que l'on n'emploie plus pendre derrière, puis on fait le point avec la deuxième couleur, sans interruption pour reprendre à temps, et suivant le dessin, la couleur abandonnée, laissant de nouveau la deuxième pour la reprendre après.

DES BRIDES.

Brides. — J'appelle bride la maille longue que d'autres nomment barrettes ou bâtons, et qui sert surtout pour le crochet mat à dessins entremêlés de jours.

Elle est à la hauteur de trois mailles simples, il faut donc, avant d'en commencer une, attacher son fil et faire trois mailles simples ou chaînettes; ces trois mailles faites, il faut jeter le fil par-dessus le crochet, comme l'indique le croquis n° 3; piquer le crochet dans la maille du rang de dessous, ramener le fil dans cette maille, vous avez alors trois fils sur le crochet; passez encore le fil par-dessus le crochet et ramenez-le dans les deux premiers fils qui sont sur le crochet, comme dans le croquis n° 4.

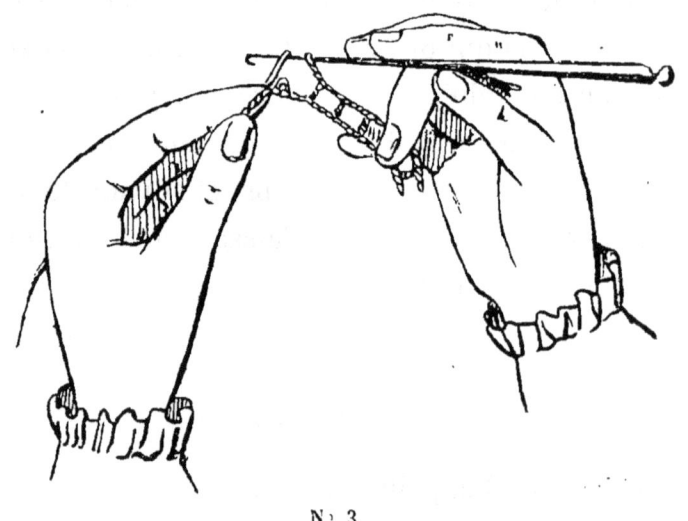

N° 3

il ne vous restera que deux fils sur le crochet; passez une troisième fois le fil par-dessus le crochet et attirez-le dans les deux derniers fils; tout ceci fait, il ne vous restera qu'un fil sur le crochet pour commencer, soit une autre bride, soit des mailles en l'air ou chaînettes pour les jours.

Double bride. — La double bride est de la hauteur de quatre mailles simples.

Il faut tourner son fil deux fois autour du crochet et le piquer dans la maille du bas, puis passer le fil par-dessus le crochet, et le retirer par la maille, vous avez alors quatre fils sur le crochet ; passez de nouveau le fil par-dessus le crochet et

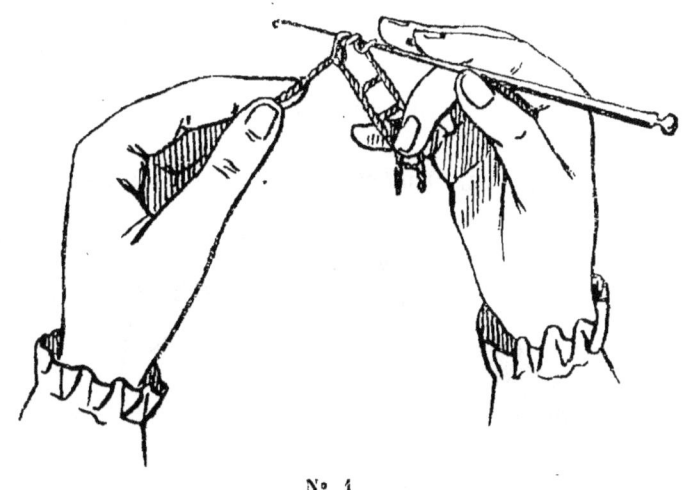

N° 1

attirez-le dans les deux premières boucles, il ne vous reste plus que trois fils sur votre crochet ; passez encore le fil par-dessus le crochet et entrez-le dans les deux premiers des fils qui vous restent, vous n'avez plus que deux fils sur le crochet. Passez encore une quatrième fois le fil sur le crochet et attirez-le dans les deux derniers anneaux à la fois.

Triples brides. — Ne se font que lorsque l'on veut des ouvrages très-à-jour, et dont les jours soient très-hauts; elles s'emploient pour dentelles, coulisses, etc., elle se font comme la bride et la double bride, seulement on tourne trois fois son fil autour du crochet.

DES DENTS.

Dents simples ou *crochet à jour*, mais pas *carré*. —

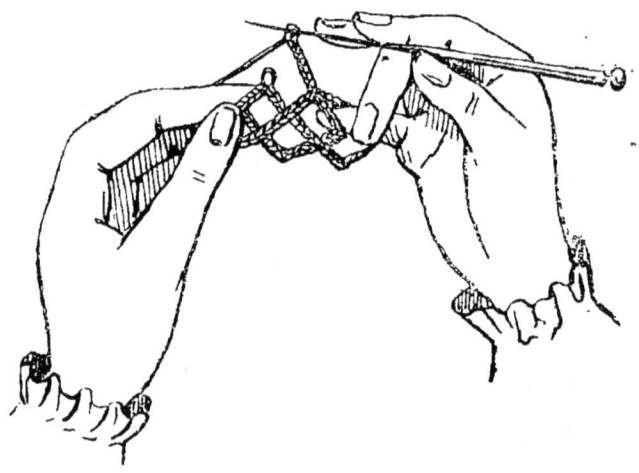

N° 5

Ces dents s'emploient surtout pour les fonds ou pour les dentelles.

Elles se composent tout simplement de mailles chaînettes ou mailles en l'air superposées et appuyées par une maille simple sur la maille du milieu du rang précédent.

Dents de feston. — Ces dents sont plus mates que les autres, elles nous représentent absolu-

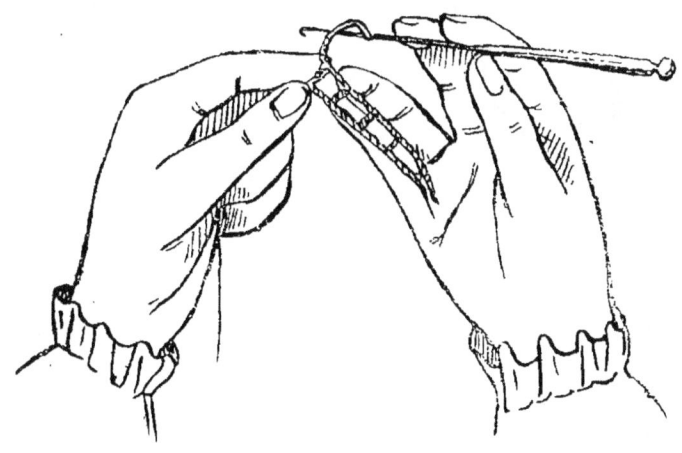

N° 6

ment la dent festonnée de la broderie lorsque l'on veut qu'elle soit exécutée en même temps qu'un rang de brides ou chaînettes que l'on exécute ; on fait sept mailles en l'air, par exemple, puis on revient sur soi-même en arrière, comme le représente le croquis n° 6. Cela forme une arcade sur laquelle on revient alors de gauche à droite en prenant ces points à cheval sur cette arcade et on se retrouve au point de départ.

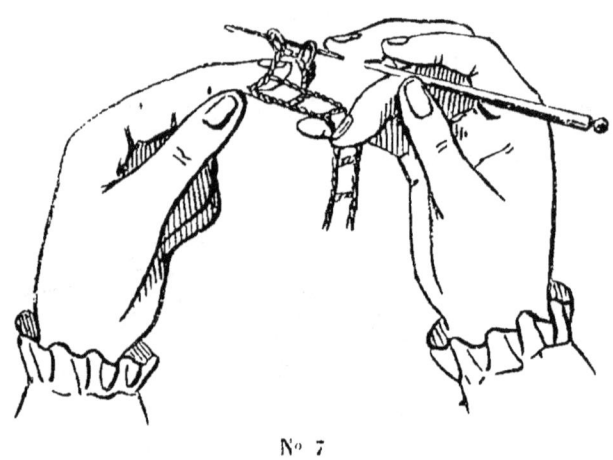

N° 7

La chaînette de l'arcade se trouve entièrement cachée par les points de feston que l'on vient de faire.

Comprenez-vous bien : il faut avant de faire la maille passer le crochet sous le rang de chaînettes et attirer le fil pour aller par-dessus ledit rang de chaînettes ; puis prendre le fil une seconde fois afin de faire la maille-feston comme dans le croquis n° 7.

DES PICOTS.

Picots. — Plus que jamais, et dans les nouveaux

ouvrages on emploie les picots comme ornement et ce en grand nombre.

Rien n'est plus facile à faire, c'est comme au croquis n° 8, c'est toujours par un retour en arrière sur une chaînette ou rang de mailles simple que l'on pique pour faire un picot qui forme alors bouclette.

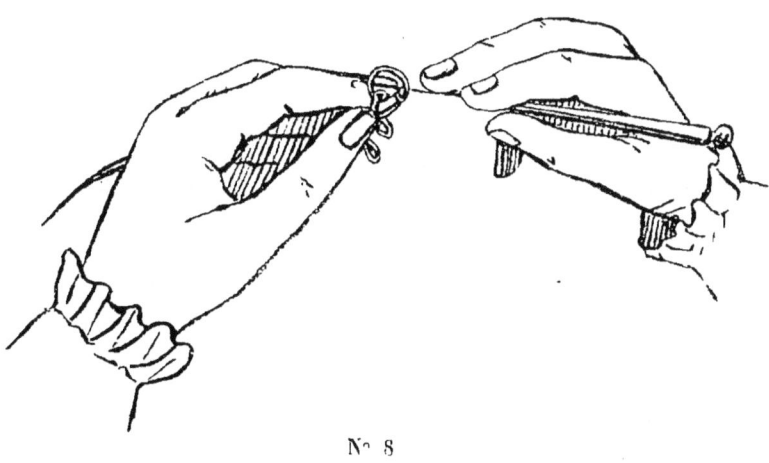

N° 8

EXPLICATIONS COMPLÉMENTAIRES SUR LE CROCHET CARRÉ.

Au premier abord on pourrait trouver oiseuse l'explication suivante, mais que nos lectrices considèrent que dans ce livre nous nous plaçons à la hauteur de tout élève qui commence. Qu'on ait ou non 40 ans, lorsque l'on se met à apprendre le crochet, il faut commencer par l'ABC, on en est à l'enfance du travail.

Cette explication nous donne la marche à suivre pour copier les dessins de crochet carrés. Pour en montrer l'opportunité, je reproduis la lettre de l'abonnée qui en a provoqué l'insertion.

« Je saurais un gré infini à Mme E. Bougy de
« vouloir bien m'enseigner dans un de ses pro-
« chains articles, comment on s'y prend pour
« rendre exactement les dessins de crochet carré,
« je n'ai jamais su les reproduire, cela vient de ce
« que j'ignore totalement quelle différence il y a
« entre le crochet ordinaire et le crochet carré, je
« serais vivement reconnaissante à Mme E. Bougy
« de me tirer d'embarras. »

Je m'empresse, chère dame, de vous rendre ce service, d'autant plus qu'il peut profiter à un grand nombre de lectrices. Le crochet carré proprement dit se compose de jours et de pleins ; les pleins sont représentés par des brides répétées à côté les unes des autres, — et les jours par des mailles en l'air ou chaînettes.

Ces carrés, qu'ils soient pleins ou à jours, se composent de 4 points, 2 brides pour les colonnes ou supports et 2 brides et 2 mailles en l'air, pour les jours; lorsqu'il y a trois pleins à côté les uns des autres, on fait 10 brides à côté les unes des autres, si les jours suivent on fait 2 mailles en l'air, 1 bride, 2 mailles en l'air, 1 bride, 2 mailles en l'air, 1 bride, 2 mailles en l'air et 4 brides si un plein succède.

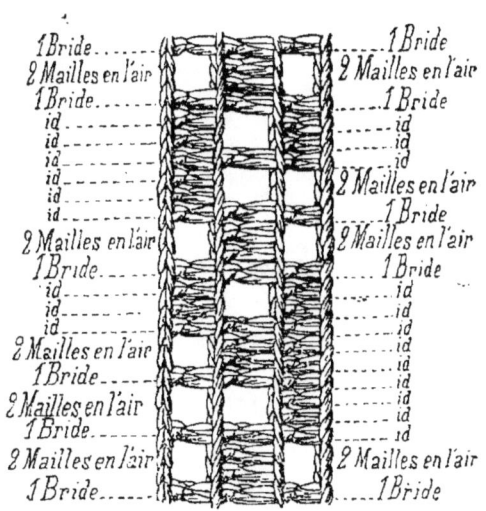

Du reste, j'ai dessiné, pour bien me faire comprendre, le canevas ci-dessus, et rien qu'en le regardant toute élève se rendra compte du travail nécessaire à faire pour arriver à réussir tous les dessins au crochet carré; je ferai remarquer que le dessin doit toujours représenter un carré, un quadrillé comme celui du filet, et que les bandes qui forment colonnes et séparent les carrés doivent toujours être au-dessus les unes des autres.

IV.

CROCHET TUNISIEN.

CROCHET TUNISIEN.

Le crochet tunisien, entièrement différent du crochet ordinaire, demandait des explications toutes spéciales ; il faut un crochet spécial dont voici le dessin. Il se fait en ivoire ou en buis, l'acier est proscrit, car le crochet tunisien ne s'emploie généralement pas pour les objets en coton ;

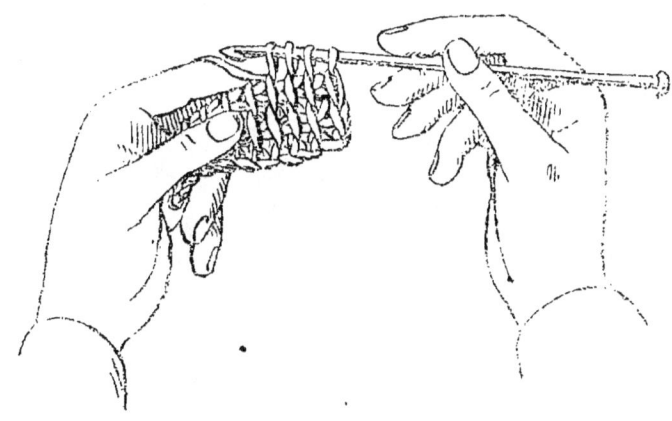

N° 1

il doit être pointu un peu à son extrémité, légèrement voûté en dehors à l'endroit du crochet et très-uni à l'intérieur ; il doit toujours avoir une boule à son extrémité, car il reste chargé au rang d'aller, et la boule a pour but d'empêcher les points de s'échapper de dessus le crochet.

Faire un rang de chaînette de la longueur voulue pour notre travail, tourner son ouvrage et créer une maille sur chacune de ces chaînettes, mais en laissant toujours la maille sur le crochet qui se trouve chargé comme dans le croquis n° 1.

Au rang de retour on décharge son instrument, en entrant successivement dans chaque maille, et laissant tomber au fur et à mesure chacune d'elles, comme au croquis n° 2. On doit laisser sa laine sur

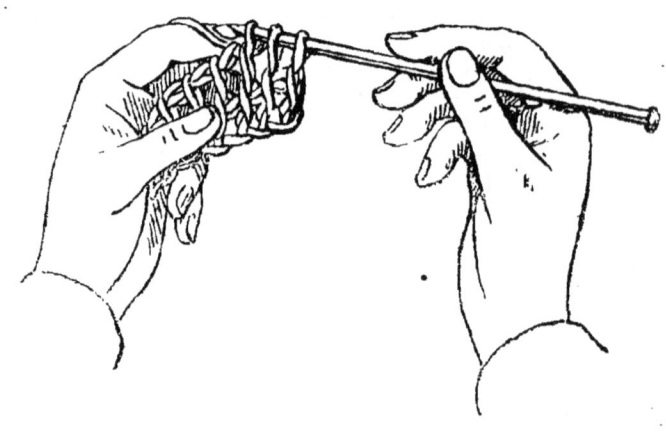

N° 2

son crochet, on a l'air d'entrer dans deux points à la fois, et, à la vérité, on ne décharge qu'un point, le premier est celui formé par le fil jeté. Ainsi, au croquis n° 2, on entrera sa laine après l'avoir tournée autour du crochet, dans la petite maille qui se trouve près du crochet et dans la maille d'à-côté, la petite seule tombera.

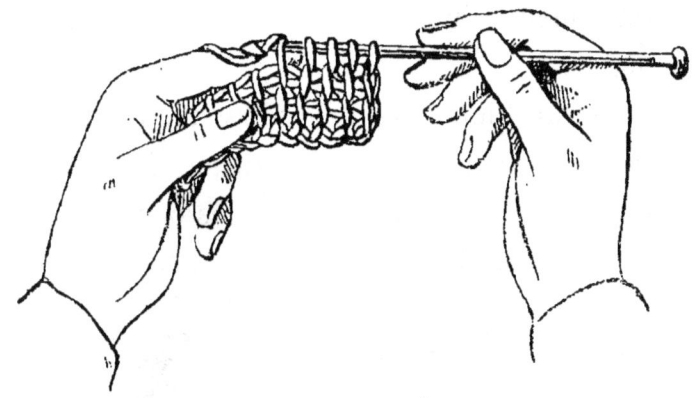

N° 3

Nous voilà donc avec notre crochet déchargé, non compris la dernière maille qui doit toujours rester; nous avons devant nous des points qui ont pour trait principal un fil passé en long, c'est en prenant ce fil sur son crochet, comme au n° 2, que nous créons notre point, et chargeons notre crochet; lorsque nous avons entré notre crochet dans le fil tendu, nous tournons notre fil sur le crochet, comme au n° 3, et l'entrons dans ledit fil pour en faire ressortir une maille qui restera sur le crochet.

Le rang du retour se fait exactement comme précédemment en déchargeant tout son crochet, comme au n° 4. Donc, rien de plus simple que le crochet tunisien. Il se compose tout simplement de deux rangs, l'aller et le retour. Il s'emploie à énormément d'usages : brassières, chaussons, jupons, etc.

J'ajouterais bien qu'on le brode souvent au point de tapisserie comme on le ferait sur du canevas javas, et que, grâce à lui, on fait des coussins, des couvre-pieds brodés d'une richesse extrême.

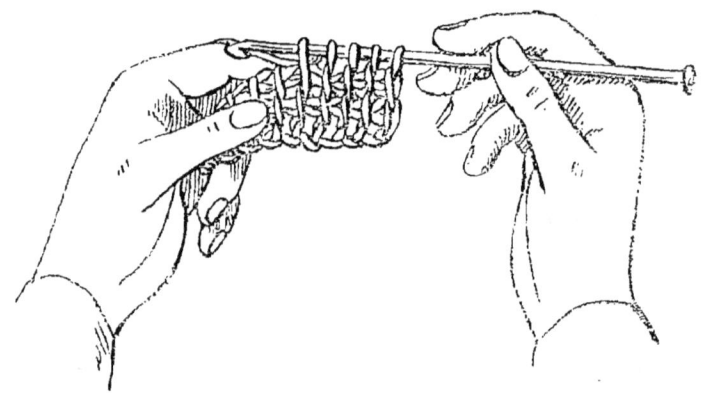

N° 4

On le mêle aussi de relief et on peut le modifier et le varier à l'infini ; ces reliefs, qui prennent le nom de boules ou de perles, servent pour bordures et même on en peut composer des dessins dans le courant de l'ouvrage.

CROCHET A BOULES OU PERLES.

Il y a plusieurs manières de produire ces perles. Je vais aujourd'hui vous en apprendre trois.

La première, que nous représente le croquis n° 7, se fait au rang du retour, on crée entre chaque maille trois ou quatre mailles chaînettes ou mailles en l'air, puis on entre dans son point comme à l'ordinaire.

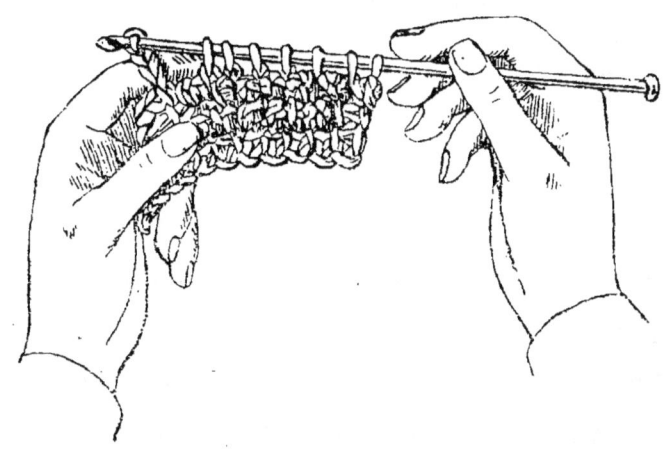

N° 5

Au rang d'aller que nous représente le croquis n° 5, on entre son crochet dans le fil transversal, comme au crochet tunisien ordinaire, mais on abaisse devant soi la dent de feston produite par les chaînettes du rang précédent de façon à ce qu'elle se trouve entre les deux points qui la réunissent en boule et la resserrent par conséquent.

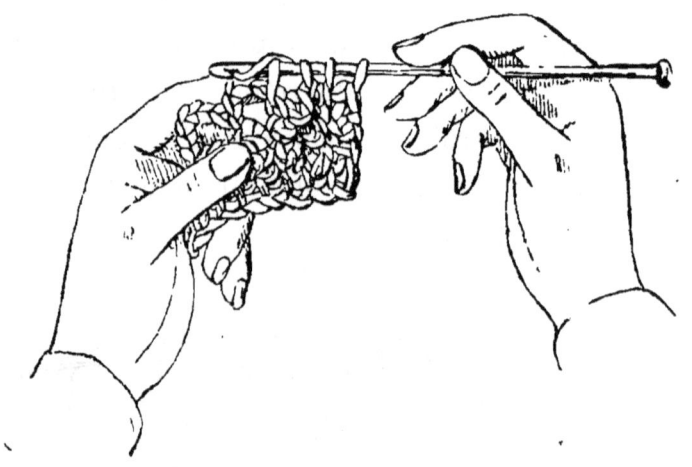

N° 6

Il y a une autre manière : on fait les boules au rang d'aller, on pique alors son crochet dans l'intervalle du point, on fait ses mailles en l'air et on termine en entrant son crochet dans la barrette droite, comme au crochet tunisien ordinaire ; de cette façon le point se trouve recréé, ce qui n'aurait pas lieu si on n'avait pas soin de terminer sa bouclette dans le point transversal.

Au rang du retour, on agit comme dans le crochet tunisien ordinaire.

Aux trois derniers croquis, les boules ont été

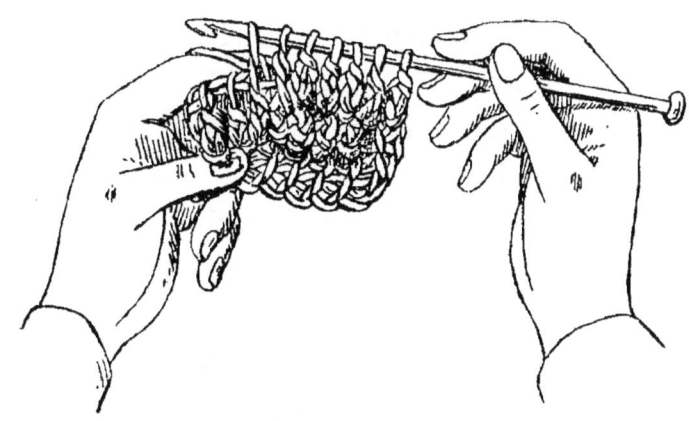

N° 7

faites dans chaque point, mais, comme dans tous les ouvrages où alterne ses perles, il faut fair

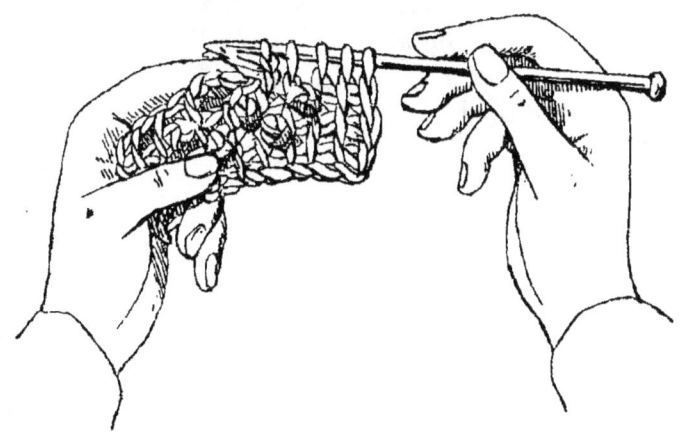

N° 8

entre les boules un point ordinaire d'intervalle.

CROCHET TUNISIEN A JOUR.

Le crochet tunisien peut aussi s'alléger et devenir moins lourd.

Le rang de retour se fait exactement comme au crochet tunisien ordinaire; seulement, au rang d'aller, au lieu d'entrer son crochet dans le fil transversal de la maille, on le pique dans le haut de la maille, comme si on faisait du crochet ordinaire; mais on prend le fil de derrière de la chaînette, comme au crochet à côte.

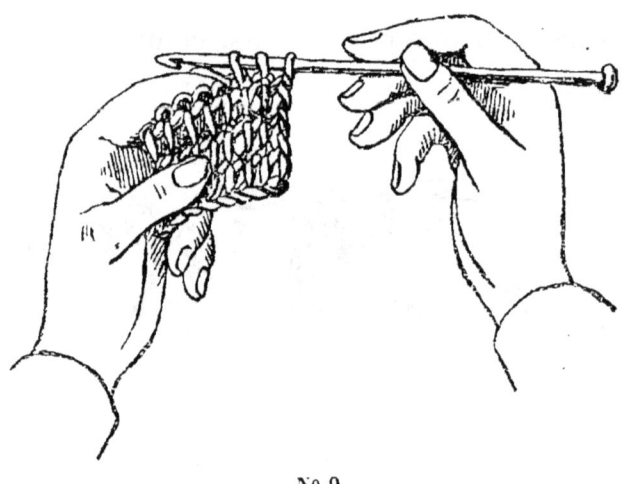

N° 9

Les points dans lesquels on doit piquer sont bien indiqués sur notre croquis n° 10; il est bien entendu qu'à ce rang on charge son crochet en entier, comme pour le crochet tunisien ordinaire.

CROCHET DE BIAIS.

Pendant que nous sommes au crochet tunisien, voici encore une variété qui donne d'heureux résultats, surtout pour couvre-pieds d'enfants.

On charge son crochet.

Rang de retour comme à l'ordinaire.

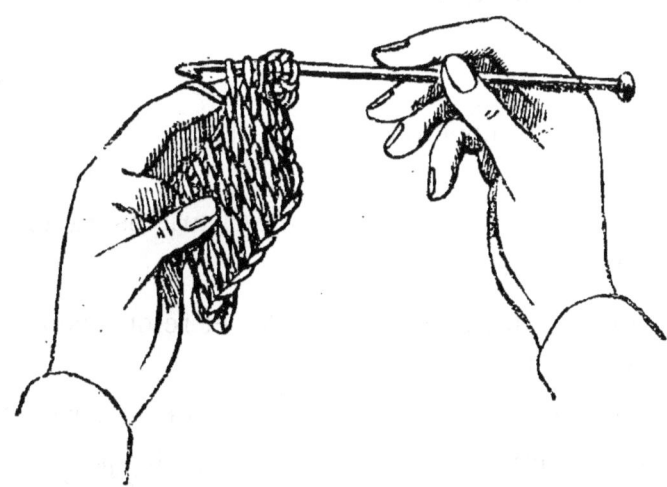

N° 10

Au rang d'aller, au lieu d'entrer son crochet dans le fil droit, on le pique tout simplement à cheval dans l'intervalle d'un point à un autre, et on se contente de la bouclette formée par le mouvement d'entrée et de sortie du trou, bien entendu qu'un brin est lancé sur le crochet pour produire cette bouclette.

Ce crochet se trouve tout naturellement en biais sans que l'on ait besoin de s'en préoccuper. A la fin on supprime forcément une maille puisqu'il n'y a pas d'intervalle après la dernière maille, de sorte qu'au commencement on en recrée une en faisant deux mailles en l'air et piquant de suite dans le premier intervalle.

CROCHET FOURCHETTE.

Ce crochet est une des jolies variétés du crochet tunisien.

Monter son premier rang aller et retour, comme au crochet tunisien.

Premier rang. Aller jeter son fil sur le crochet, faire un point dans la maille verticale, jeter son fil, prendre le point vertical, et toujours ainsi, c'est comme si on créait un jour (croquis 12).

Deuxième rang du retour. Faire le premier point tout seul, puis entrer son crochet à la fois dans la maille lancée sur le crochet et dans la maille qui

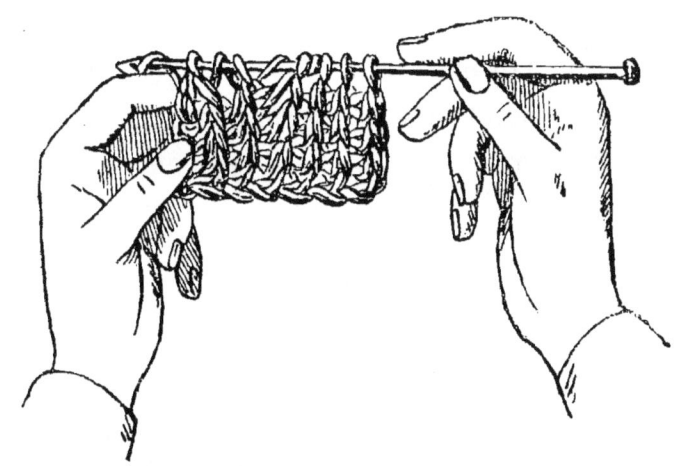

N° 11

suit le fil lancé doit toujours être en avant, la pre-

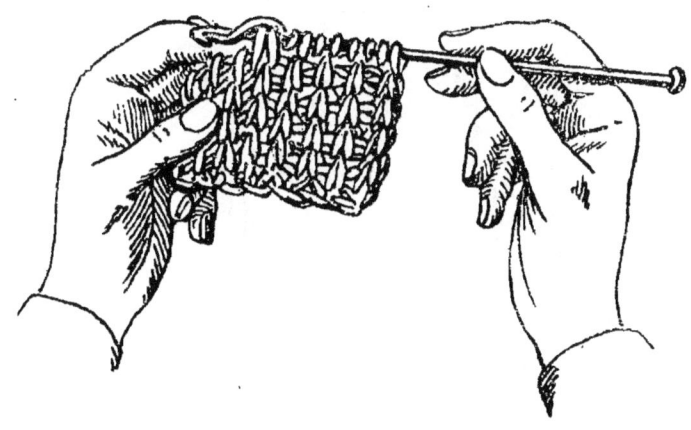

N° 12

mière dans lequel on entre, puis, lorsqu'on passe

dans l'autre, on sépare à la lettre les deux points qui ont l'air d'être ensemble.

Si on ne faisait pas attention à observer cette marche, le point de fourche serait manqué.

Au troisième rang, on jette également son fil sur le crochet, mais on entre à la fois dans les deux mailles verticales qui forment la fourche, comme dans le croquis 13.

CROCHET BOULE.

Je ne dis pas crochet à boules, mais crochet boule. Ce point sert ordinairement pour bordure de bandes de crochet tunisien.

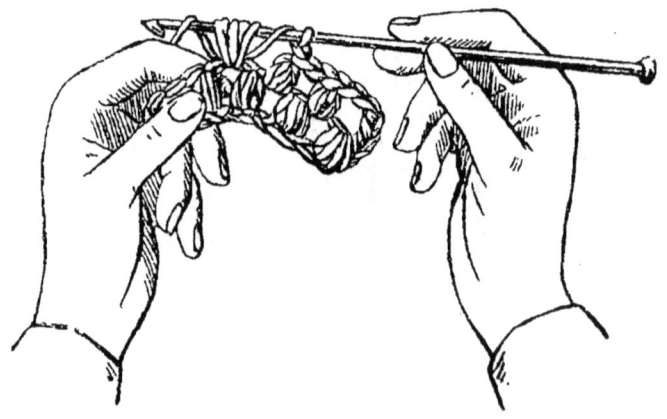

N° 13

Monter un rang de chaînettes, tourner son ouvrage.

Jeter le fil sur le crochet, piquer dans le point de fondation, attirer le fil à travers l'ouverture, comme si on allait terminer le point, mais ne pas entrer dans la bouclette. Rejeter son fil sur le crochet, l'entrer dans le même point, l'en ressortir sans terminer encore le point, rejeter encore son fil sur le crochet, l'entrer pour la troisième fois dans le même trou, l'en ressortir, mais, cette fois, rentrer son point dans les sept mailles qui se trouvent chargées sur le crochet, faire une maille en l'air ou chaînette pour maintenir le point et recommencer une autre boule.

Au rang suivant, la chaînette a formé un intervalle entre les boules, c'est à cheval sur cette chaînette que l'on jette trois fois son fil chargé pour former sa boule, comme dans notre croquis n° 14.

CROCHET NIÇOIS.

Bien régulièrement exécuté, ce point donne un tissu très-joli pour capeline, jupon, couvre-pieds, etc.

Monter son crochet tunisien à l'aller et retour comme à l'ordinaire.

Troisième rang. Aller prendre en travers de la

maille verticale, puis piquer en même temps dans la chaînette qui suit la maille verticale sur le fil du devant, tirer son crochet et faire un point ordinaire, entrer en dessous de la deuxième verti-

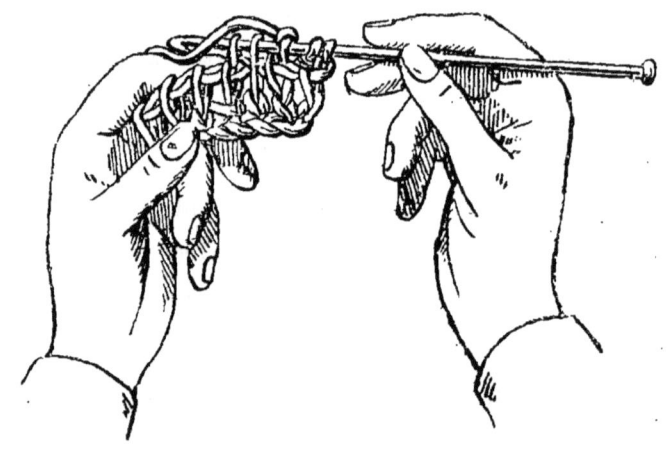

N° 14

cale et en même temps dans le point de chaînette du haut et tirer son fil, faire un point de crochet ordinaire, répéter cela tout du long (15).

Quatrième rang. Revenez tout du long comme dans le crochet tunisien ordinaire.

CROCHET DRAGÉE.

Je recommande beaucoup ce point exécuté de deux nuances en grosse laine dix fils; il donne des bandes pour couvre-pieds qui, alternées avec des bandes de crochet tunisien ordinaires brodées, donnent un travail riche et moelleux.

Monter le premier rang, laine blanche, prendre dans sa deuxième maille, faire un point, jeter son fil, faire un autre point, sauter un point, prendre dans le suivant, faire une maille, jeter sa laine, faire une maille au rang de retour, en tirer à la fois dans les trois mailles qui forment faisceau, et toujours ainsi.

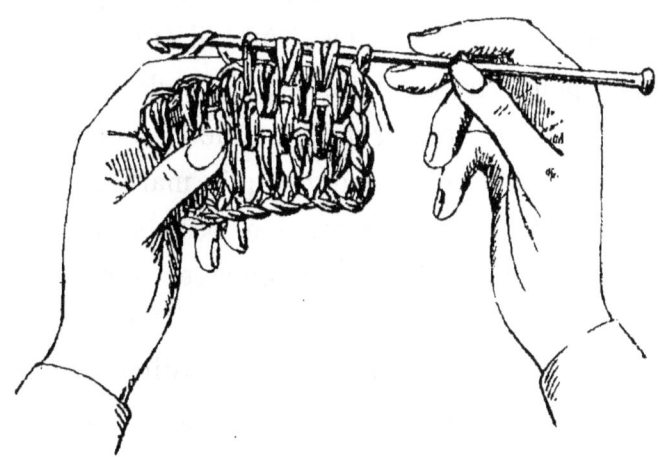

N° 15

Troisième rang. Faire bien entendu les trois mailles en l'air du commencement pour entrer son crochet dans le trou d'intervalle d'une dragée à l'autre, faire une maille, jeter sa laine, faire une maille dans le même trou, laisser son crochet chargé et aller dans le deuxième trou, recommencer à faire une maille, jeter sa laine, faire une maille, et toujours de même. Pour un rang de retour, entrer à la fois dans les trois mailles qui se touchent.

PERLES AU CROCHET ORDINAIRE

Dans le crochet mat ou crochet ordinaire, on fait aussi des perles ou boules qui, employées comme ornement, produisent un joli effet.

On ne peut faire ces boules qu'à l'endroit, donc, si l'ouvrage tourne en rond, comme le rond d'une bottine, par exemple, il n'y a qu'à marcher sans s'occuper de rien; si le crochet a un envers, il faut couper son fil et recommencer à droite à chaque tour.

On prend donc d'abord un point ordinaire, puis on fait tout simplement trois ou cinq points mailles chaînettes, puis on entre dans sa maille comme à l'ordinaire, on fait un point uni après, puis un point avec cinq mailles chaînettes.

Au rang suivant on contrarie ses boucles exécutant celles-ci sur le point d'un intervalle et faisant le point uni au-dessus des boucles, et toujours de même. Le croquis n° 17 nous représente parfaitement le travail; bien entendu que, comme au crochet tunisien, on maintient ses bouclettes

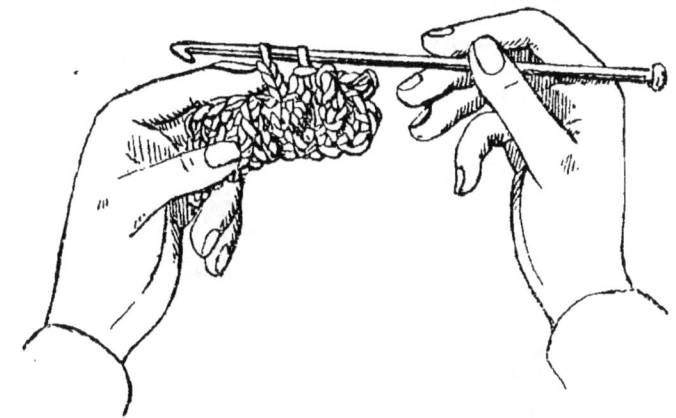

N° 16

en avant en les tirant au besoin avec le crochet si par hasard elles se plaçaient derrière.

CROCHET EN RELIEF.

Ces reliefs se font surtout aux carrés que l'on fait à côtes, c'est-à-dire ceux qui n'ont ni endroit ni envers, et que l'on exécute en prenant toujours le fil de derrière la natte du point du haut.

On commence ce relief au rang d'allée, celui de droite à gauche.

Faire trois points unis, puis cinq brides ou

mailles longues dans un même point, trois mailles unies d'intervalle cinq brides prises dans la quatrième maille.

On répète cela autant de fois qu'il est indiqué de boules, et les espaces doivent toujours être en nombre impair.

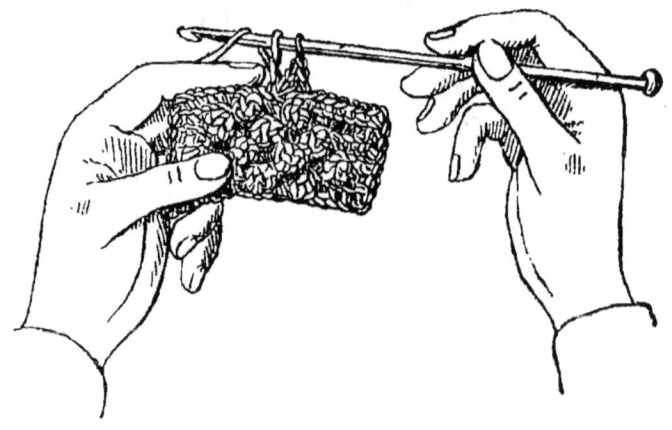

N° 17

Le n° 18 nous montre le rang d'aller, celui de la création du relief, au retour, nous allons le consolider, le réunir.

Nous sommes donc à l'envers du relief en tournant notre ouvrage, nous faisons trois brides au-dessus des trois brides du rang précédent; puis créons une chaînette derrière les cinq brides pour nous retrouver avec le même nombre de points, et nous venons repiquer sur la première des mailles unies qui se trouve après le relief, au croquis n° 19, nous voyons l'endroit qui se trouve derrière le relief.

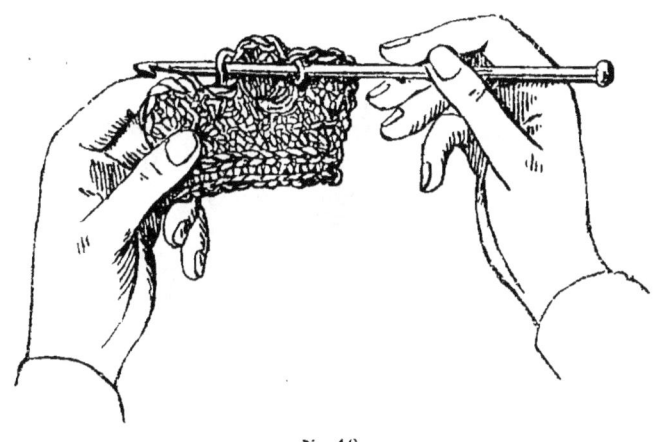

N° 18

POINT DE TAPISSERIE

Ce point imite à merveille le point de tapisserie ordinaire, aussi peut-on l'employer pour faire des bandes sur lesquelles on brodera comme sur du canevas ordinaire, et le fond se trouvera fait d'avance.

Piquer le crochet dans la deuxième maille de la chaînette de fondation, tourner son fil en dessous le crochet et l'attirer dans la bouclette, on a alors deux mailles sur le crochet, tourner son fil encore autour du crochet, mais cette fois en dessus, et l'attirer dans les deux mailles que nous avons sur le crochet, piquer dans la maille suivante, tourner d'abord le fil en dessous le crochet, tirer son point, puis le tourner en dessus, tirer dans les deux bou-

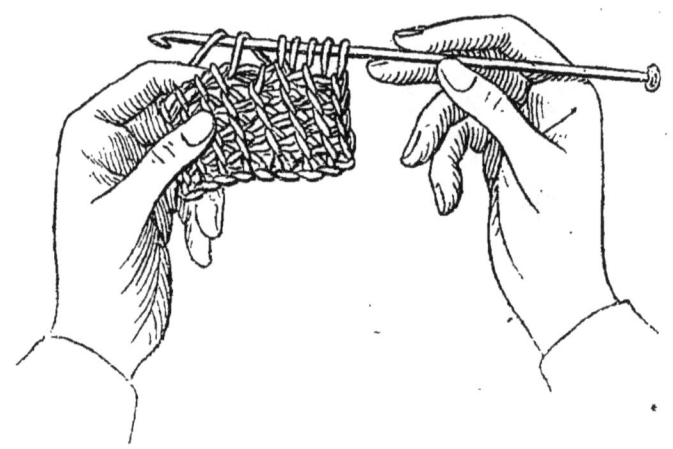

N° 19

clettes et répéter cela autant de fois que l'on a de points ; il faut casser sa lame à chaque bout, à moins que l'ouvrage n'aille en tournant.

CROCHET COQUILLE.

Ce point peut servir de bordure, remplacer une dentelle ou former un plein à volonté ; il est excessivement original.

Monter d'abord un rang de chaînettes ordinaire, tourner son ouvrage, faire trois mailles en l'air, prendre dans la deuxième maille chaînette, laisser la maille sur le crochet, prendre dans la troisième maille chaînette, laisser sa maille sur le crochet, puis sur le point sur lequel se sont élevées les chaînettes, puis enfin dans le point du rang de chaînettes du début, vous avez six fils sur votre crochet, puisque chaque fois vous vous êtes contenté de charger le crochet.

On tire d'abord dans quatre mailles à la fois puis dans les deux qui restent.

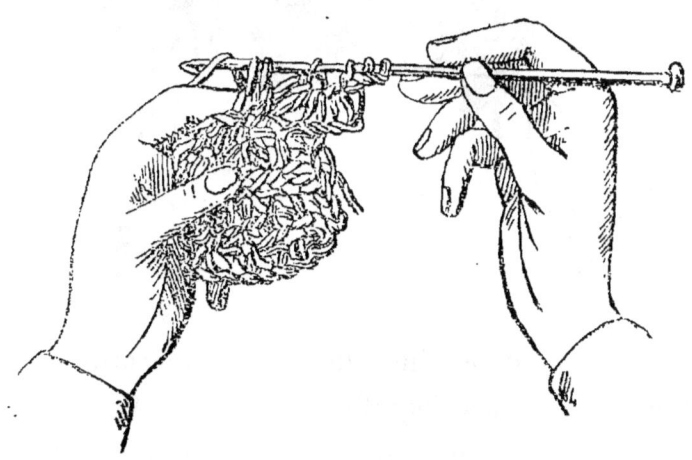

N° 20

Faire deux chaînettes ou mailles en l'air, prendre un point dans la première faite de ces chaînettes, un point dans le point lâche qui a fermé la coquille, deux points sur les chaînettes de fondation en en laissant deux d'intervalle, on a six points sur son crochet, tirer dans quatre à la fois, puis dans deux. Recommencer une autre coquille en en refaisant deux chaînettes, etc.

Il faut en général changer de nuance de laine à chaque rangée, et, bien entendu, la couper au bout de chaque rang.

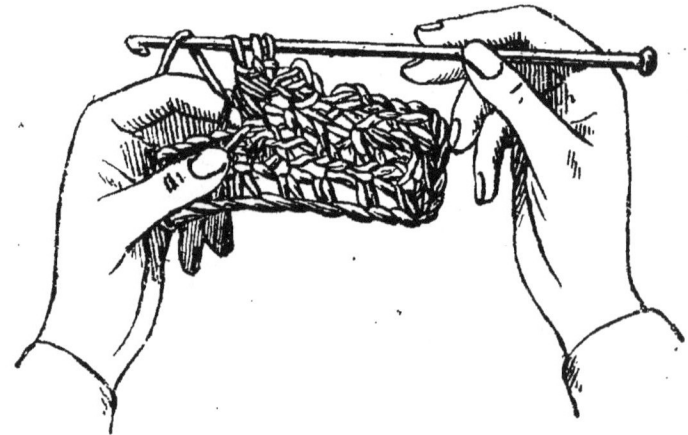

N° 21

Maintenant, au lieu de chaînettes ordinaires, nous avons des coquilles pour pied. Voici comment nous devons nous y prendre pour y juxtaposer le deuxième rang.

Il faut piquer sur le bout de la coquille, faire trois mailles en l'air, piquer dans la deuxième, puis dans la troisième de ces mailles, puis sur le point de fondation celui du haut de la coquille, puis sur le grand point de la dent en en laissant un tout petit d'intervalle ; puis, dans le point suivant, on a son crochet chargé de six fils, on entre dans quatre à la fois, puis dans deux. On refait trois mailles en l'air, on pique dans le deuxième, puis dans le troisième, dans celui qui ferme la coquille du même rang, puis sur le point de l'ex-coquille inférieure, toujours en laissant le petit point sans le travailler, puis sur le deuxième point de sa coquille, on tire son fil dans quatre points à la fois, puis dans deux, et recommence à monter trois chaînettes, et toujours ainsi, en superposant les rangs au-dessus les uns des autres.

Ce point est plus minutieux à expliquer qu'à faire, en suivant bien exactement l'indication il ne présentera aucune difficulté.

CROCHET RUSSE.

Le crochet russe est une variété du crochet ordinaire, il offre l'avantage de former un point dont on ne se rend pas compte, qui paraît difficile et qui ne l'est pas du tout.

Il se fait comme le crochet ordinaire, seulement au lieu de piquer sur la natte du dessus on passe en passe au-dessous des deux fils de la maille, du reste, le croquis fait parfaitement comprendre cette différence.

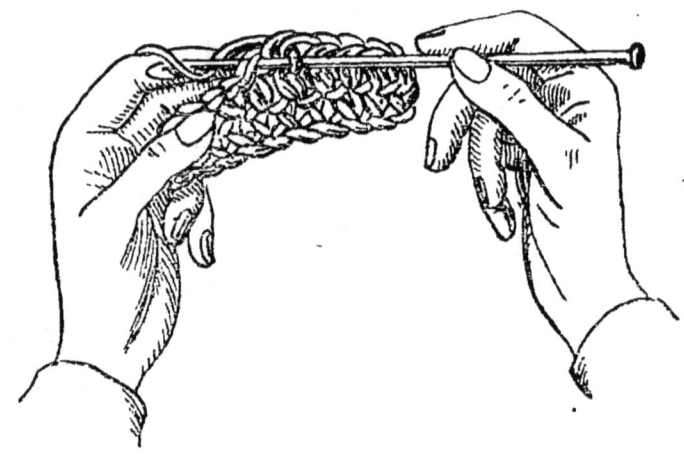

N° 21

CROCHET TRICOT.

Ce point est un peu lourd, mais pour les personnes qui ne savent pas le tricot et qui préfèrent le crochet, il simule parfaitement le point de tricot.

Le point de crochet ordinaire vous donne une espèce de natte ou point de chaînette sur lequel vous travaillez ordinairement, soit en prenant le fil de devant, soit celui de derrière, au point de tricot vous ne prenez ni l'un ni l'autre, mais l'espèce de perle qui se trouve à l'envers au milieu du point.

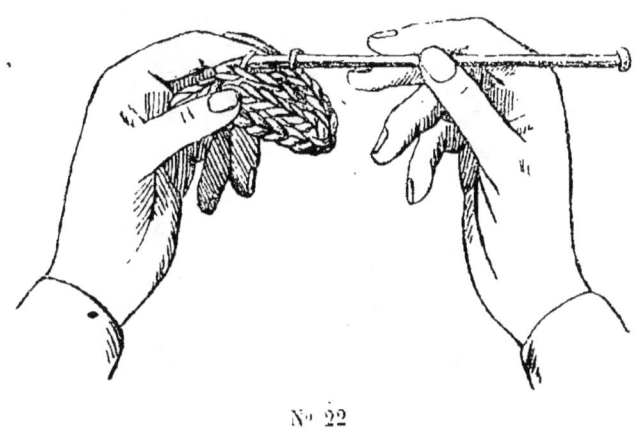

N° 22

Notre album n'a d'autres prétentions que celle d'être l'alphabet de tous les ouvrages de dame, ussi avons-nous cherché à ne point le compliquer par des travaux longs et difficiles. Avant de passer à un autre genre, nous allons terminer les notes sur le crochet par quelques dessins courants, qui ne sont pas nouveaux, mais seront toujours bons à avoir sous les yeux et formeront la main, si ils ne trouvent leur utilité pratique plus tard, ce qui m'étonnerait.

N° 1. — DESSIN COURANT.

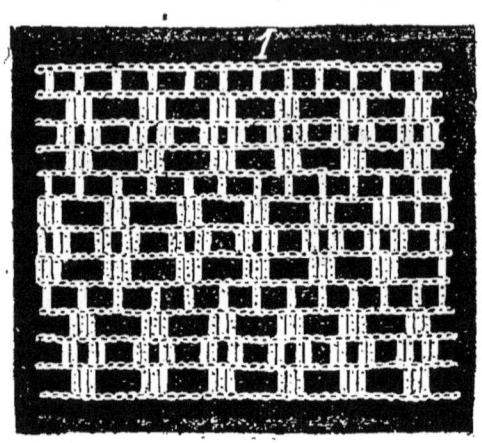

1ᵉʳ rang, chaînette.

2ᵉ rang, 1 bride ||, 3 chaînettes, 1 bride dans la quatrième maille, 3 chaînettes.

3ᵉ rang, 1 bride ||, 5 chaînettes, 3 brides à côté les unes des autres ||, 5 chaînettes, il n'y a ni augmentations, ni diminutions, il faut donc que tous les rangs aient le même nombre de points.

4ᵉ rang, 2 brides ||, 3 chaînettes, 2 brides, 1 chaînette d'intervalle, 2 brides, 3 chaînettes ou mailles en l'air ||.

5ᵉ rang, comme le troisième.

6ᵉ rang, comme le deuxième.

7ᵉ rang, comme le troisième.

8ᵉ rang, comme le quatrième.

9ᵉ rang, comme le troisième.

N° 2. — DESSIN A FOND PLEIN.

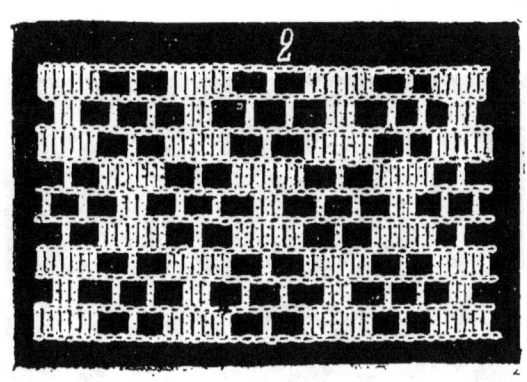

1ᵉʳ rang, de mailles chaînettes.

2ᵉ rang, 7 brides, 3 mailles chaînettes, 1 bride 3 mailles chaînettes, 7 brides.

3ᵉ rang, 1 bride, 1 chaînette, 3 brides, au milieu des 7 du rang précédent, 3 chaînettes, 1 bride, 3 chaînettes, 1 bride, 3 chaînettes, 3 brides.

4ᵉ rang, comme le deuxième.

5ᵉ rang, 1 bride, 2 mailles chaînettes, 1 bride sur la troisième maille, 3 chaînettes, 7 brides, 3 chaînettes, 1 bride, 3 chaînettes, 7 brides.

6ᵉ rang, 2 brides, 3 mailles chaînettes, 1 bride, 3 chaînettes, 1 bride, 3 chaînettes, 3 brides.

7ᵉ rang, comme le cinquième.

8ᵉ rang, comme le deuxième.

9ᵉ rang, comme le troisième.

N° 3. — FOND PLEIN A TRÈFLE. AVEC PICOT.

Monter 21 chaînettes, 1 maille prise dans la onzième pour former 1 picot de 10 mailles; faire 1 picot de 5 mailles, puis 1 picot de 10 mailles, 21 chaînettes, 1 maille prise dans la onzième comme il est dit plus haut.

2ᵉ tour, 1 maille prise dans la sixième maille du rang précédent, 6 chaînettes, 1 maille prise sur la pointe du premier picot de 10 mailles, 11 chaînettes, 1 maille prise sur la pointe du deuxième picot de 10 mailles, 6 chaînettes, 1 maille prise sur la sixième maille du rang précédent.

3ᵉ tour, 1 bride prise dans la troisième maille du deuxième rang pour commencer le grillage sur lequel se rattache au fur et à mesure chaque bouquet, 1 chaînette, 1 bride dans la troisième maille, répéter cela 3 fois, 5 chaînettes, 1 picot de 5 mailles, 1 picot de 10 mailles, répétez cela 3 fois, 1 maille prise sur le premier picot de 5 mailles, 5 chaînettes, 1 maille prise sur la bride d'où partent les 5 premières chaînettes ; 1 chaînette, une bride sur la deuxième maille du rang précédent, répétez cela deux fois, 3 chaînettes, 1 bride dans la même maille que la dernière bride, 1 chaînette, 1 bride dans la deuxième maille suivante, répéter cela 5 fois, 1 bride dans la sixième maille, 1 chaînette, 1 bride dans la deuxième maille, répétez cela 3 fois, 5 chaînettes, 1 picot de 5 mailles, 1 picot de 10 mailles, rattaché par le milieu sur la septième bride, précédente de la grille, 1 picot de 5 mailles, 1 picot de 10 mailles, répétez cela 2 fois, 1 picot de 5 mailles, 1 maille prise sur le premier picot de 5 mailles, 5 chaînettes, 1 maille prise sur la bride d'où partent les 5 premières chaînettes.

4ᵉ rang, 6 chaînettes, 1 maille prise sur la pointe du premier grand picot mobile de la fleurette du rang précédent, 11 chaînettes, 1 maille prise sur la pointe du second grand picot de la même fleurette, 6 chaînettes, 1 maille prise sur la pointe de la grille du rang précédent, 6 chaînettes.

N° 4. — FOND PLEIN A TRÈFLE.

Ce fond qui, comme les 3 précédents, peut servir pour bonnet d'enfant, devra être préféré pour cet usage lorsque l'on voudra que le bonnet soit léger.

1ᵉʳ rang, toutes chaînettes.

2ᵉ rang, 1 maille prise dans la deuxième maille, 3 picots de 5 mailles chacun, 1 maille prise dans la première maille pour former un trèfle, 11 mailles simples, 1 maille prise dans la septième du premier rang.

3° rang, 1 maille prise dans la sixième chaînette du deuxième rang, 3 picots de 5 mailles réunis en trèfle comme ci-dessus, 11 chaînettes.

Répèter toujours comme le troisième rang.

Voyons maintenant quelques dentelles courantes.

N° 5

Vous le savez, mesdames, on se sert beaucoup de la mignardise, sorte de soutache hérissée de chaque côté de petits picots pour faire de délicieuses petites dentelles au crochet dont on garnit toutes les lingeries.

Je crois donc être utile et agréable en donnant ici l'explication de l'une d'elles; si on voulait vous les donner toutes, il faudrait presque un album spécial.

Nous allons commencer par l'entre-deux du bas sur lequel va reposer la dentelle; nous prenons 2 rangs de mignardise d'égale longueur. Nous commençons par travailler sur l'une en prenant 2 picots à la fois, puis 4 chaînettes, puis tenant notre seconde mignardise en face, nous prenons 1 point dans 2 picots et faisons 4 mailles chaînettes puis nous reprenons dans la première, allant alternativement de l'une à l'autre.

Voici le pied fait, nous allons faire la dentelle proprement dite.

1 maille prise dans le premier picot extérieur du haut de l'entre-deux, 1 chaînette; 1 maille dans le deuxième picot, 3 chaînettes, 1 picot de 5 mailles, 3 chaînettes, 5 picots à côté les uns des autres de 5 mailles chacun, 3 chaînettes, 1 picot de 5 mailles, puis prendre une maille dans le picot qui se trouve juste en face pour fermer le trèfle de la dentelle, 3 mailles simples pour redescendre et 1 point pris dans le deuxième picot de la mignardise; répéter toujours cela.

Mais les fleurettes devant se tenir, on les réunit par un point, lorsque l'on est en train de faire le picot correspondant à celui que l'on fait.

Quant au pied, on prend l'autre côté de la mignardise et on fait dans chaque picot 1 point espacé par une chaînette.

N° 6. — DENTELLE EN TRAVERS.

Souvent il est bien ennuyeux d'avoir un long bout de dentelle à faire, sans en avoir un pauvre petit brin de terminé, ainsi, pour les dames que ce travail fatigue, on a cherché et trouvé à créer de jolies petites dentelles exécutées en travers.

1er rang, 7 chaînettes, 3 picots de 5 mailles, 7 mailles doubles ou brides prises dans les 7 chaînettes.

Retourner son ouvrage, 6 chaînettes, 1 bride dans la troisième maille double, 3 chaînettes et toujours de même.

Pour terminer, faire un rang de mailles doubles dans toute la dentelle afin d'en former le pied.

N° 7. — AUTRE DENTELLE EN TRAVERS.

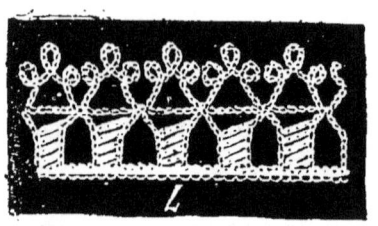

1ᵉʳ rang, 8 mailles chaînettes.

2ᵉ rang, 1 bride sur la quatrième maille, 2 brides sur les 2 mailles suivantes, 6 chaînettes, 1 maille prise sur la dernière maille du rang précédent, retourner son ouvrage.

3ᵉ rang, 7 chaînettes, 1 maille prise dans la cinquième pour 1 premier picot, 6 chaînettes, 1 maille prise dans la cinquième pour former le second picot, 6 chaînettes, 1 maille prise dans la cinquième pour former le second picot, 2 chaînettes, 1 maille prise dans la cinquième du rang précédent 6 chaînettes, 1 bride dans la dernière bride du deuxième rang ; tourner son ouvrage.

4ᵉ rang, 3 chaînettes, 1 bride sur la première chaînette du rang précédent, 2 brides dans les 2 mailles suivantes, 6 chaînettes, 1 maille prise sur la maille du rang précédent ; retourner son ouvrage et reprendre au troisième rang.

Avant de terminer, je crois logique de vous donner à titre d'essai l'explication de 4 petits ronds : personne de vous, mesdames, n'ignore tout le parti que l'on peut tirer de la combinaison de ces ronds réunis ensemble pour former un tout bien homogène.

N° 8. — ROSACE N° 1.

1er tour, 9 mailles chaînettes réunis en rond.

2e rang, 18 mailles coulantes à côté les unes des autres au-dessus des 9 chaînettes, ce qui fait 2 points dans 1.

3e rang, 3 chaînettes, 1 bride dans la première maille du rang précédent, puis 2 brides dans chacun des points du rang précédent, ce qui nous donne 36 brides autour.

4ᵉ rang, 9 mailles doubles sur les 9 premières barrettes, 2 mailles doubles sur la bride à côté, 40 mailles doubles.

5ᵉ rang, 1 maille passée, 14 chaînettes, 1 maille prise dans la cinquième du tour précédent, cela répété 8 fois dans le tour.

6ᵉ rang, 2 mailles prises dans les 2 premières mailles de la dent, 2 mailles doubles prises dans les 2 suivantes, 6 brides dans celles du milieu, 2 mailles doubles en redescendant et 2 mailles simples au bas de la dent ; reprendre sur la deuxième dent.

N° 9. — ÉTOILE A 7 TRÈFLES.

1ᵉʳ tour, 7 chaînettes fermées en rond.

2ᵉ tour, 14 mailles coulantes par-dessus les 7 du rang précédent.

3ᵉ tour, 1 maille passée, 7 chaînettes, 1 maille passée dans la deuxième du rang précédent.

4ᵉ tour, 5 mailles prises dans les 5 premières mailles de la bouclette de 7 mailles, 6 chaînettes, 1 maille prise dans la quatrième des 7 suivantes; ce rang commence le pied des trèfles.

5ᵉ tour, toutes mailles doubles ou brides.

6ᵉ tour, 7 mailles passées 3 chaînettes, 2 brides prises sur la première maille, 3 chaînettes, 1 maille passée sur cette première maille, dans laquelle on devra toujours revenir 3 fois, 7 mailles passées.

N° 10. — ÉTOILE HEXAGONE.

1ᵉʳ tour, 15 chaînettes fermées en rond.

2ᵉ tour, 3 chaînettes, 1 bride dans la même maille, 2 brides dans chaque maille ce qui en donne 30 au tour.

3ᵉ tour, 5 mailles passées et 1 picot de 5 mailles, ceci répété 6 fois.

4ᵉ tour, 3 mailles passées dans les 3 mailles du milieu des 5 mailles passées, 13 mailles chaînettes.

5ᵉ tour, 3 mailles passées dans les 3 mailles passées du tour précédent, 13 mailles doubles; terminez en faisant 6 mailles passées dans les 6 premières des 13 mailles doubles, et cela pour arriver au sommet d'une dent.

6ᵉ tour, 8 chaînettes, 1 bride dans la deuxième maille, 10 chaînettes, 1 bride dans la sixième maille double de la dent qui suit, 5 chaînettes.

7ᵉ tour, 8 chaînettes, 15 brides dans les mailles suivantes, 5 chaînettes, 15 brides dans les mailles suivantes, mais en ne laissant pas d'intervalle dans le bas.

8ᵉ tour, 3 mailles passées, 9 chaînettes, 2 mailles passées; répéter cela 42 fois.

9ᵉ tour, 3 chaînettes et 1 maille prise sur la deuxième pointe; répéter cela 6 fois, 9 chaînettes et 1 maille passée sur la pointe suivante.

N° 11. — HEXAGONE.

1ᵉʳ tour, 6 chaînettes, les fermer en rond.

2ᵉ tour, 2 chaînettes, 11 mailles doubles, coulantes, par dessus les mailles du rang précédent.

3ᵉ tour, 2 chaînettes, 4 brides dans la maille à côté, 1 maille double dans la suivante; répétez cela 6 fois.

4ᵉ tour, 3 chaînettes et un picot intérieur de 3 mailles; répétez cela 3 fois, 5 chaînettes, 1 picot intérieur de 3 mailles et 3 chaînettes; répétez cela 3 fois, 1 maille passée entre 2 dents du troisième tour; répéter cela 6 fois.

5ᵉ tour, 3 mailles passées, 1 picot de 3 mailles, et 3 mailles passées dans les 3 chaînettes du rang précédent; répéter cela 3 fois, 5 mailles passées dans les suivantes, 1 picot de 3 mailles et 3 mailles passées; répéter 3 fois, le rang de picot extérieur est tourné, on casse son fil.

6ᵉ tour, prendre son premier point sur le haut de l'une des 6 pointes, 17 chaînettes, 1 maille prise sur la deuxième pointe et ainsi de suite sur les 6.

7ᵉ tour, 1 maille double dans chaque point.

8ᵉ tour, 5 chaînettes, 1 bride prise dans la maille d'où partent les 5 chaînettes, 1 chaînette et 1 bride dans la deuxième maille; répéter cela 8 fois,

3 chaînettes, 1 bride dans le même point que la dernière bride pour accuser à nouveau les angles; ces 3 chaînettes doivent se trouver juste en dessus des pointes.

9° tour, 9 chaînettes, 1 maille prise sur la première bride, 7 chaînettes, 1 maille prise sur la deuxième bride; répéter cela 4 fois.

10° tour, 5 mailles doubles, 1 picot de 5 mailles, 4 mailles doubles dans les 4 mailles suivantes, 1 maille prise sur la maille passée du neuvième tour, 4 mailles doubles, dans les mailles suivantes 1 picot de 5 mailles, 3 mailles doubles, 1 maille passée sur la maille passée du neuvième tour; répéter cela 4 fois.

Je crois, en tout ce qui regarde les principes, notre album de crochet bien complet; après avoir étudié toutes ces leçons vous serez à même d'exécuter les dessins les plus difficiles que vous donnera notre cher journal.

V.

TRICOT.

TRICOT.

Le tricot est le plus primitif des travaux de dames; grâce à ces deux aiguilles maniées habilement, la mère de famille travailleuse et indus-

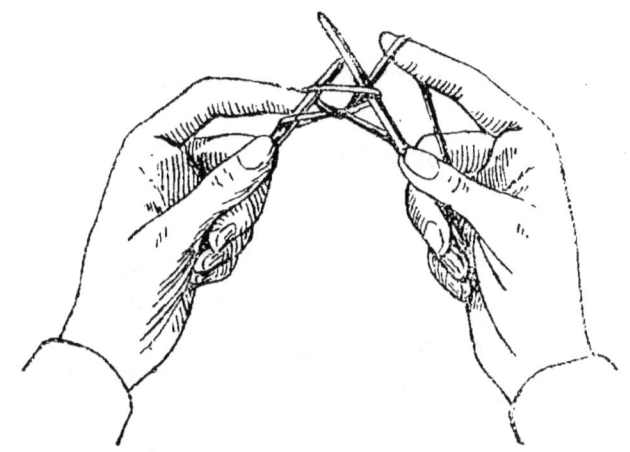

N° 1

trieuse, peut habiller, des pieds à la tête, ses chers bébés, bas, chaussons, caleçons, gilets, manteaux, jupons, capelines, bonnets, couvertures, que sais-je encore moi, tout peut se faire au tricot, aussi est-il essentiel pour pouvoir bien conduire, par la suite, les différents objets que l'on voudra faire, de connaître bien les différents termes dont on se sert pour le tricot, car pour les variétés de points, il n'y en a que deux, le point à l'endroit et le point à l'envers, mais de leur combinaison dépendent tous les genres de dessins.

Ces combinaisons prennent donc des noms que j'expliquerai le plus clairement possible; commençons par charger nos aiguilles.

MONTER SON TRICOT.

Faire une bouclette sur l'aiguille gauche qui

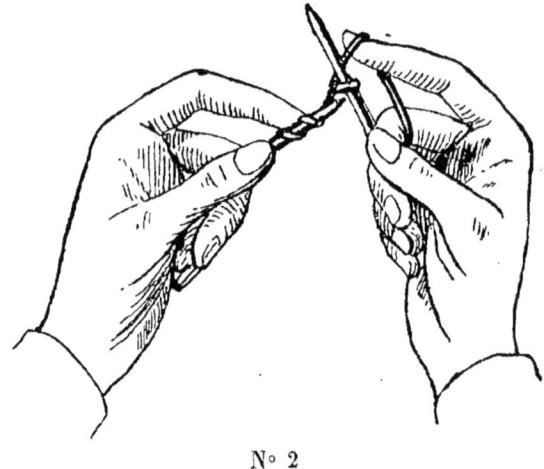

N° 2

porte le n° 1, prendre la deuxième aiguille dans la main droite, aiguille que nous appellerons n° 2, l'entrer dans la bouclette de derrière devant, tourner son fil autour du n° 2, baisser cette aiguille dans la bouclette pour l'en faire ressortir avec un anneau tout formé dessus.

Laisser cet anneau sur le n° 2, entrer son n° 1 de dessus en dessous de la bouclette, tourner son fil autour du n° 2 de dessous en dessus, baisser ladite aiguille dans la bouclette, la ressortir avec une seconde maille de formé.

On crée ainsi autant de mailles qu'il est nécessaire pour l'ouvrage que l'on entreprend, cette méthode est la meilleure pour le montage des tricots, elle assure la régularité des points.

MAILLES A L'ENDROIT

Prendre avec l'aiguille n° 2 sa maille sur l'aiguille n° 1, de dessous en dessus, et passer ladite aiguille en dessous le n° 1, tourner sa laine de dessous en dessus autour de l'aiguille n° 2, abaisser celle-ci dans la bouclette et l'en faire ressortir en dessous, l'aiguille n° 2 se trouve chargée, faire tomber alors la bouclette qui se trouve sur le n° 1, elle est tricotée, procéder à l'autre maille d'une fa çon toute semblable si plusieurs points à l'endroit doivent être à côté les uns des autres.

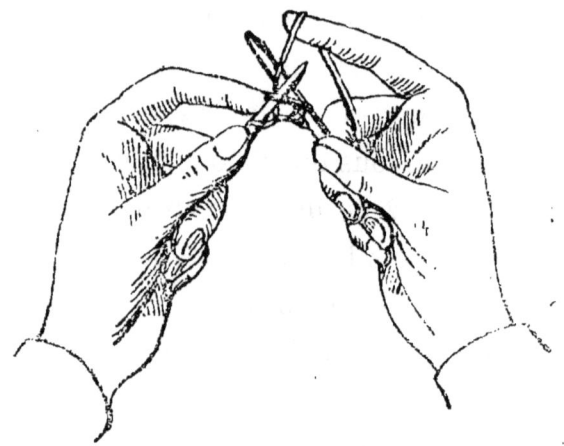

N° 3

Bien observer que pour le point à l'endroit, le fil se trouve toujours derrière les deux aiguilles.

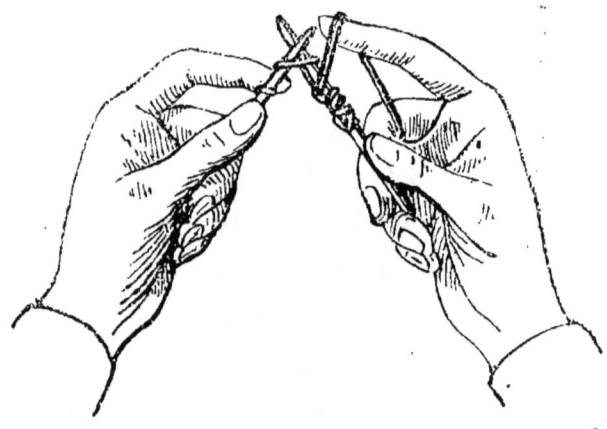

N° 4

MAILLES A L'ENVERS.

Le fil doit être toujours en devant, il faut donc l'y ramener si on passe d'un point à l'endroit à un point à l'envers.

On entre son aiguille n° 2 dans la bouclette du

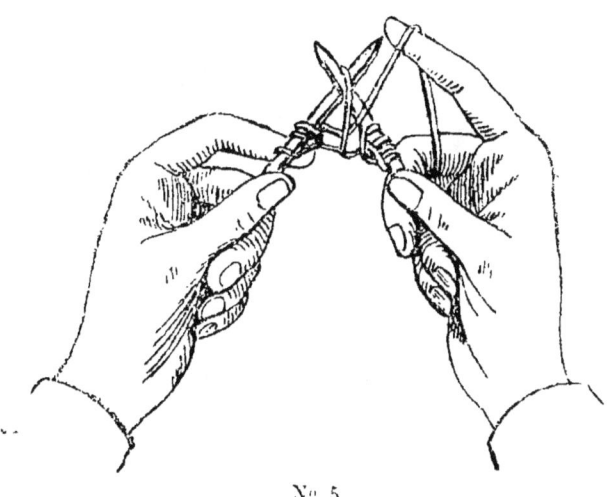

N° 5

n° 1, mais de devant en arrière de haut en bas droit devant soi, on tourne son fil autour du n° 2. On abaisse celui-ci dans la bouclette, et on l'en fait ressortir, l'aiguille n° 2 passant derrière le n° 1, on fait tomber la bouclette qui est sur cette aiguille entre les deux aiguilles et on recommence un second point, et toujours de même lorsque tout le tour se fait à l'envers, mais il arrive souvent que pour faire des jours ou des augmentations nous

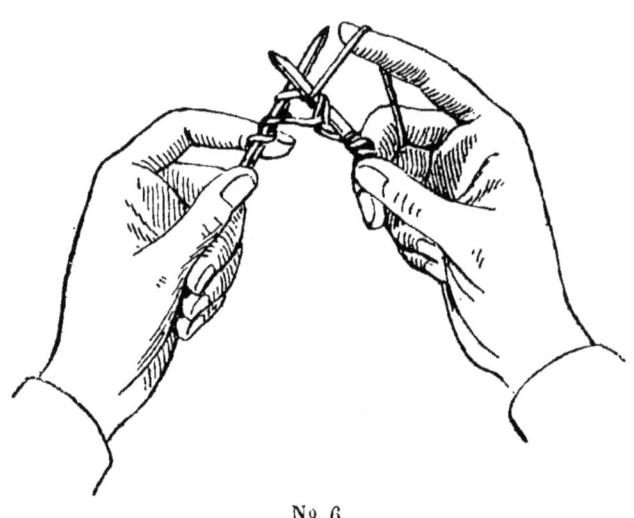

N° 6

avons des jetées à faire, c'est ce que nous allons essayer de réussir.

JETÉES OU PASSES.

Lorsque ces jetées se font après un point à l'envers, on tourne son fil autour de l'aiguille n° 2, comme dans le croquis n° 7, puis on fait son point ordinaire.

Mais lorsque la jetée doit être après une maille à l'endroit, comme le fil travailleur se trouve naturellement derrière, il n'y a qu'à ramener le fil en devant entre les deux aiguilles de sorte qu'en faisant son point à l'endroit ordinaire le jour ou la jetée se trouve tout naturellement formé.

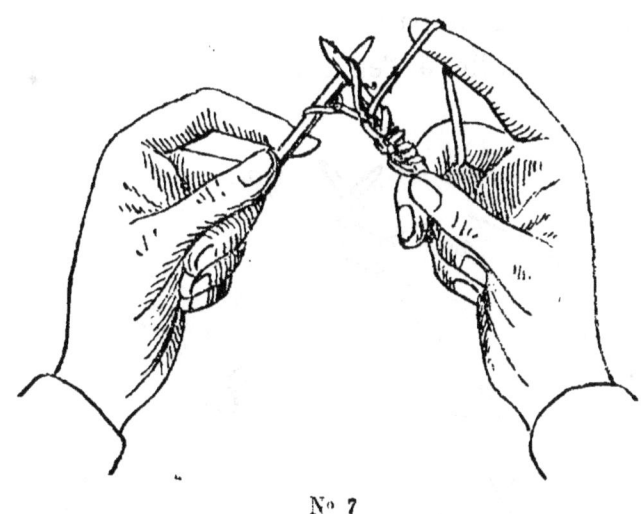

N° 7

Il est donc bien convenu que lorsque dans le cours du travail on change son point sans créer de jours, faisant tantôt des mailles à l'endroit, tantôt des mailles à l'envers, il faut avoir bien soin de rejeter son fil derrière lorsqu'on veut commencer un point à l'endroit et le ramener devant pour le point à l'envers.

DEUX MAILLES ENSEMBLE.

Il y a, comme je l'expliquais plus haut, différents termes ou combinaisons de tricot qu'il est indispensable de connaître. Deux mailles ensemble se comprennent parfaitement, il faut faire comme pour la maille à l'endroit, mais prendre deux

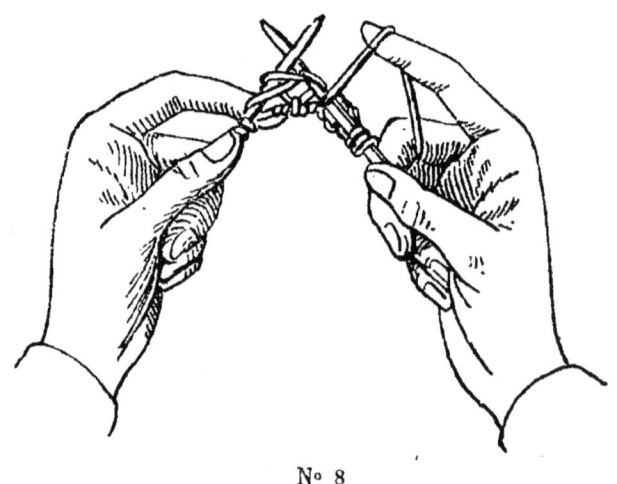

N° 8

mailles à la fois, et les tricoter comme s'il n'y en avait qu'une, ceci a lieu bien souvent lorsqu'ayant créé une maille par une jetée ou passe, on veut ramener son tricot au nombre de points de la fondation.

SURJET SIMPLE.

Prendre une maille sans la tricoter, tricoter celle qui suit pour reprendre avec l'aiguille n° 1, la maille qui n'a pas été tricotée, et la passer par-dessus la tricotée et la faire tomber entre les deux aiguilles.

SURJET DOUBLE.

Prendre une maille sans la tricoter, tricoter ensemble les deux mailles qui suivent, et prendre

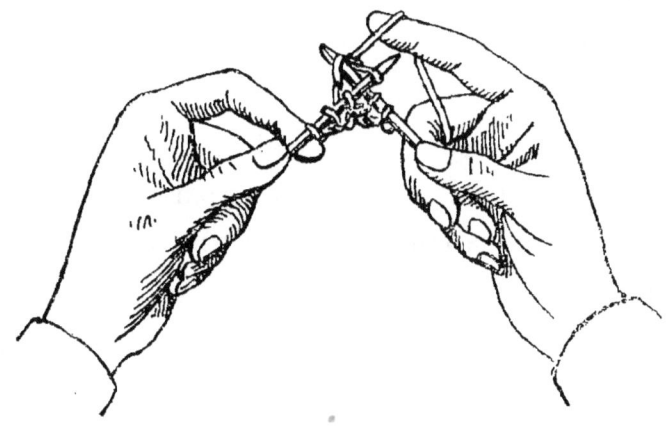

N° 9

comme dans le surjet simple la maille non tricotée pour la rabattre par-dessus la maille qui reste, et la faire tomber entre les deux aiguilles.

MAILLE TORSE.

Prendre une maille sans la tricoter, la reprendre en dessous avec l'aiguille n° 1, retirer l'aiguille n° 2, et tricoter cette maille comme à l'ordinaire.

SURJET TORSE.

Prendre une maille sans la tricoter, la reprendre en dessous avec le n° 1, retirer le n° 2, prendre encore cette même maille sans la tricoter, et tricoter celle qui suit :

Terminer en reprenant avec le n° 1 la maille qui n'a pas été tricotée pour la passer par-dessus l'autre maille, et la faire tomber entre les deux aiguilles.

DEUX MAILLES TORSES TRICOTÉES ENSEMBLE.

Elles se font comme la maille torse, seulement, il faut prendre deux mailles à la fois au lieu d'une.

TERMINER UN TRICOT.

Nous avons appris à le monter, il est bien juste que nous sachions comment le terminer, c'est bien simple.

On laisse une maille sans la tricoter, on tricote la maille suivante avec l'aiguille n° 2, on la fait tomber de dessus le n° 1 bien entendu, puis,

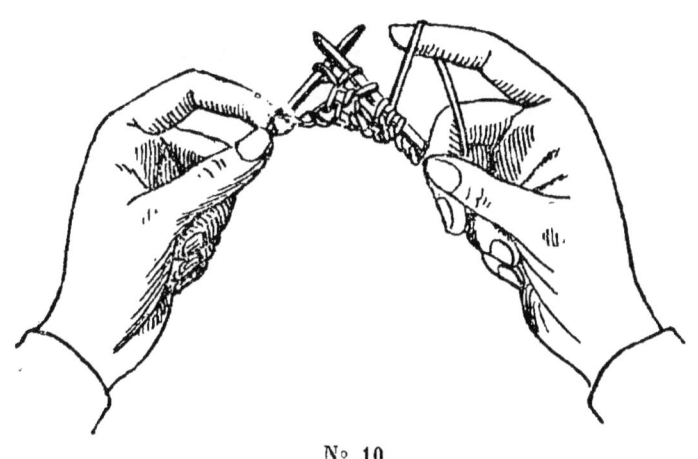

N° 10

avec cette aiguille, on vient prendre la première maille restée sur le n° 2 et on la rabat par-dessus celle qui vient d'être tricotée.

Tricoter une seconde maille, rabattre dessus la maille qui est restée sur le n° 2 et toujours ainsi tout du long du rang jusqu'au dernier point; casser son fil et le tirer dans la dernière maille en le serrant un peu.

Suivant l'objet que l'on veut faire, on serre plus ou moins ce dernier rang, mais en général, il se fait un peu lâche.

En général, le tricot ne doit pas être serré, défaut habituel des commençantes, cela lui ôte de la souplesse, de l'élasticité, ce qui est sa principale attraction. Appliquez-vous donc, dès le principe, à ne point contracter vos mains et à faire votre travail aussi souple que possible.

Notre album de tricot ne serait pas complet si nous ne donnions quelques dessins courants et journaliers pour ce travail; aussi ai-je cru devoir vous donner ici, mesdames, des dessins et explications de tricots connus, il est vrai, mais qui sont fondamentaux et la base de tous les autres.

N° 1. — TRICOT TYROLIEN

Ce tricot, clair et régulier, peut être employé pour toutes sortes d'usages, soit qu'il soit exécuté en coton ou en laine, en voici l'explication technique.

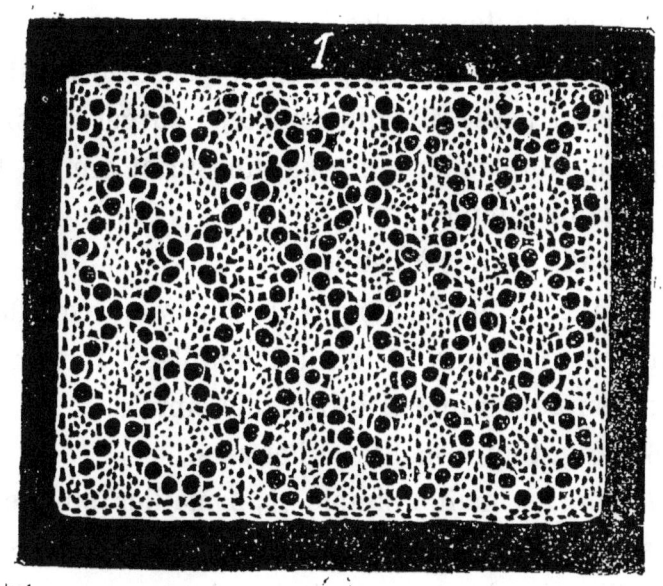

Monter 32 mailles.

1ᵉʳ tour, 1 maille simple ||, 1 passe, 1 maille simple, 1 passe, 2 mailles simples, 1 surjet double, 2 mailles simples ||.

Avant d'aller plus loin, je dois vous dire ce que l'on appelle une passe, ce que j'ai omis plus haut.

Passer le fil qui est sur l'index, de manière qu'il traverse sous l'aiguille de droite à gauche, et revienne dessus de gauche à droite.

La passe à l'envers se fait par le mouvement contraire.

Continuons.

2ᵉ rang, toutes mailles à l'envers.

3ᵉ rang, 1 maille simple ||, 1 passe, 3 mailles simples, 1 passe, 1 maille simple, 1 surget double, 1 maille simple; terminez par un surjet simple || et 1 maille simple.

4ᵉ rang, mailles à l'envers.

5ᵉ rang, 1 maille simple ||, 1 passe, 5 mailles simples, 1 passe, 1 surjet double. Terminez par 1 surget simple || et 1 maille simple.

6ᵉ rang, toutes mailles à l'envers.

7ᵉ rang, 1 maille simple ||, 2 mailles simples, 1 surget double, 2 mailles simples, 1 passe, 1 maille simple, 1 passe ||; terminez par 1 maille simple.

8ᵉ rang, toutes mailles à l'envers.

9ᵉ rang, 1 maille simple ||, 1 maille simple, 1 surjet double, 1 maille simple, 1 passe, 3 mailles simples, 1 passe; terminez par || 1 maille simple.

10ᵉ rang, toutes mailles à l'envers.

11° rang, 1 maille simple ||, 1 surjet double, 1 passe, 5 mailles simples, 1 passe ||; terminez par 1 maille simple.

12ᵉ rang, toutes mailles à l'envers.

13ᵉ rang, comme le premier.

N° 2. — TRICOT ALGÉRIEN.

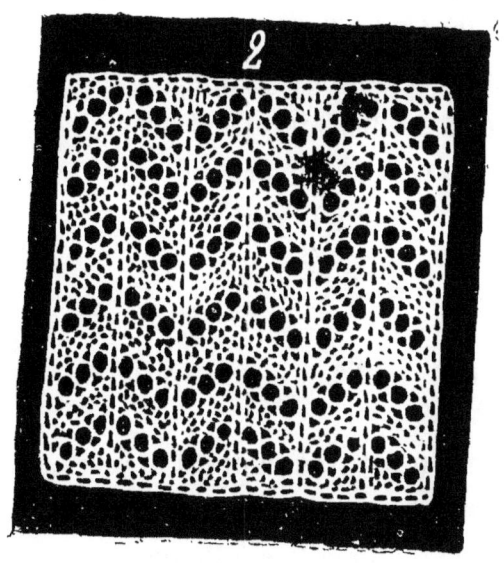

Ce tricot peut aussi bien être exécuté en coton, comme tous les dessins à jour, pour rideaux, couvre-pieds, etc., qu'en laine, pour jupons, cache-nez, etc.

Monter 21 mailles.

1ᵉʳ rang, 2 mailles simples ||, 1 surjet simple, 2 mailles simples, 1 passe, 1 maille simple, 1 passe, 2 mailles simples, 1 surjet double ||.

2ᵉ rang, tout à l'envers.

3ᵉ rang, 2 mailles simples ||, 1 surjet simple, 1 maille simple, 1 passe, 3 mailles simples, 1 passe, 1 maills simple, 1 surjet double || ; terminez par 1 surjet simple, 1 maille simple ||.

4ᵉ rang, tout à l'envers.

5ᵉ rang, 2 mailles simples ||, 1 surjet simple, 1 passe, 5 mailles simples, 1 passe, 1 surjet double.

6ᵉ tour, tout à l'envers.

7ᵉ tour, comme le premier.

N° 3. — TRICOT BELGE

Ce dessin est très-courant et peu compliqué.
Monter 15 mailles.

1ᵉʳ tour ||, 3 mailles à l'envers, 1 passe, 1 surjet double, 1 passe ||.

2ᵉ tour ||, 3 mailles simples, 3 mailles à l'envers ||.

3ᵉ tour ||, 3 mailles à l'envers, 3 mailles simples ||.

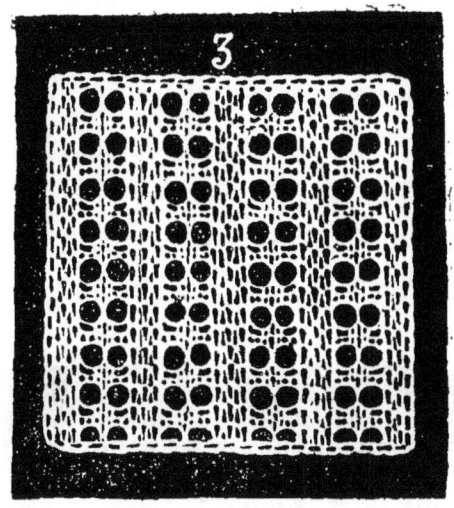

4ᵉ tour, comme le deuxième.
5ᵉ tour, comme le premier.

TRICOT POLONAIS

Ce tricot devient plus compliqué, et donne de plus jolis résultats que les premiers, et exécuté en coton fin, il donne de jolis rideaux, de beaux dessus d'édredon.

Monter 32 mailles.

1ᵉʳ tour, 1 maille simple ||, 2 mailles à l'envers, 1 passe, 1 surjet simple, 2 mailles à l'envers, 1 surjet double, 4 mailles simples, 1 passe, 1 maille simple, 1 passe, 2 mailles à l'envers, 1 passe,

1 maille simple, 1 passe, 4 mailles simples, 1 surjet double ǀǀ ; terminez par un maille simple.

2ᵉ tour, toutes mailles à l'envers, faire 2 mailles simples (ou à l'endroit) sur les deux mailles à l'envers du premier tour.

3ᵉ tour, 1 maille simple ǀǀ , 2 mailles à l'envers, 1 surjet simple, 1 passe, 2 mailles à l'envers, 1 sur-

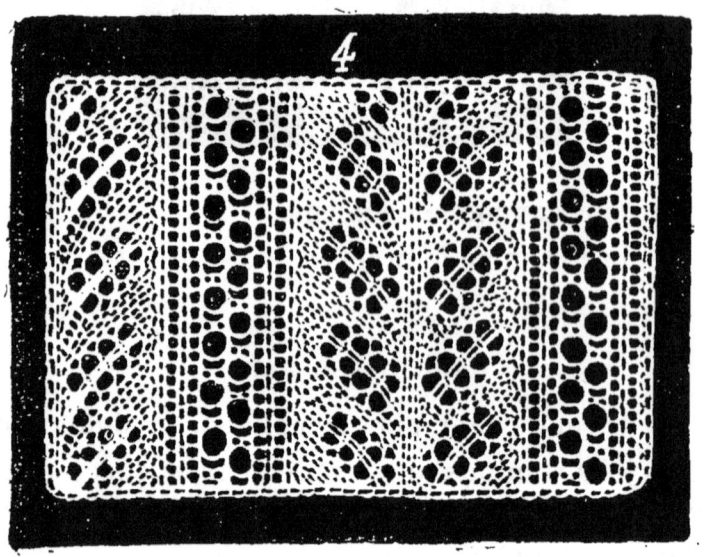

jet double, 3 mailles simples, 1 passe, 1 maille simple, 1 passe, 1 maille simple, 2 mailles à l'envers, 1 maille simple, 1 passe, 1 maille simple, 1 passe, 3 maillss simples, 1 surjet double ; terminez par 1 maille simple.

4ᵉ tour, comme le deuxième.

5ᵉ tour, 1 maille simple ||, 2 mailles à l'envers, 1 passe, 1 surjet simple, 2 mailles à l'envers, 1 surjet double, 2 mailles simples, 1 passe, 1 maille simple, 1 passe, 2 mailles simples, 2 mailles à l'envers, 2 mailles simples, 1 passe, 1 maille simple, 1 passe, 2 mailles simples, 1 surjet double || ; terminez par 1 maille simple.

6ᵉ tour, comme le deuxième.

7ᵉ tour, 1 maille simple ||, 2 mailles à l'envers, 1 surjet simple, 1 passe, 2 mailles à l'envers, 1 surjet double, 1 maille simple, 1 passe, 1 maille simple, 1 passe, 3 mailles simples, 2 mailles à l'envers, 3 mailles simples, 1 passe, 1 maille simple, 1 passe, 1 maille simple, 1 surjet double || ; terminez par 1 maille simple.

8ᵉ tour, comme le deuxième.

9ᵉ tour, 1 maille simple ||, 2 mailles à l'envers, 1 passe, 1 surjet simple, 2 mailles à l'envers, 1 surjet double, 1 passe, 1 maille simple, 1 passe, 4 mailles simples, 2 mailles à l'envers, 4 mailles simples, 1 passe, 1 maille simple, 1 passe, 1 surjet double || ; terminez par 1 maille simple.

10ᵉ tour, comme le deuxième.

11ᵉ tour, 1 maille simple ||, 2 mailles à l'envers,

1 surjet simple, 1 passe, 2 mailles à l'envers, 1 surjet double, 4 mailles simples, 1 passe, 1 maille simple, 1 passe, 2 mailles à l'envers, 1 passe, 1 maille simple, 1 passe, 4 mailles simples, 1 surjet double ||, terminez par 1 maille simple.

12ᵉ tour comme le deuxième.

13ᵉ tour, 1 maille simple ||, 2 mailles à l'envers, 1 passe, 1 surjet simple, 2 mailles à l'envers, 1 surjet double, 3 mailles simples, 1 passe, 1 maille simple, 1 passe, 1 maille simple, 2 mailles à l'envers, 1 maille simple, 1 passe, 1 maille simple, 1 passe, 3 mailles simples, 1 surjet double || ; terminez par un maille simple.

14ᵉ tour comme le deuxième.

15ᵉ tour, 1 maille simple ||, 2 mailles à l'envers, 1 surjet simple, 1 passe, 2 mailles à l'envers, 1 surjet double, 2 mailles simples, 1 passe, 1 maille simple, 1 passe, 2 mailles simples, 2 mailles à l'envers, 2 mailles simples, 1 passe, 1 maille simple, 1 passe, 2 mailles simples, 1 surjet double ||, terminez par 1 maille simple.

16ᵉ tour, comme le deuxième.

17ᵉ tour, 1 maille simple ||, 2 mailles à l'envers, 1 passe, 1 surjet simple, 2 mailles à l'envers, 1 surjet double, 1 maille simple, 1 passe, 1 maille simple, 1 passe, 3 mailles simples, 2 mailles à l'envers, 3 mailles simples, 1 passe, 1 maille simple, 1 passe, 1 maille simple, 1 surjet double ‖ : terminez par un maille simple.

18e tour, comme le deuxième.

19e tour, 1 maille simple ‖ , 2 mailles à l'envers, 1 surjet simple, 1 passe, 2 mailles à l'envers, 1 surjet double, 1 passe, 1 maille simple, 1 passe, 4 mailles simples, 2 mailles à l'envers, 4 mailles simples, 1 passe, 1 maille simple, 1 passe, 1 surjet double ‖ ; Terminez par 1 maille simple.

20e tour, comme le deuxième.

21e tour, comme le premier. Le dessin recommence.

N° 5. — TRICOT VÉNITIEN

Monter 39 mailles.

1er tour, 1 maille simple, 1 surjet simple ‖ , 2 mailles simples, 1 passe, 1 maille simple, 1 passe, 1 maille simple, 1 passe, 1 maille simple 1 passe, 1 maille simple, 1 passe, 1 maille simple, 1 passe, 2 mailles simples ‖ ; terminez par 1 surjet simple et 1 maille simple.

2e tour, tout à l'envers. 1 maille ‖ , 2 mailles en

semble, 13 mailles, 3 mailles ensemble, 13 mailles ‖ ; terminez par 2 mailles ensemble, et 1 maille.

3ᵉ tour, 1 maille simple, 1 surjet simple, 11 mailles simples , 1 surjet double, 11 mailles simples ; terminez par un surjet simple et 1 maille simple.

4ᵉ tour, tout à l'envers, 1 maille, 2 mailles ensembles , 2 mailles, 1 passe, 1 maille, 1 passe, 1 maille, 1 passe, 1 maille, 1 passe, 1 maille 1 passe, 1 maille, 1 passe, 1 maille, 1 passe, 2 mailles, 3 mailles ensemble ; terminez par 2 mailles ensemble et 1 maille.

5ᵉ tour, 1 maille simple, 1 surjet simple, 13 mailles simples, 1 surjet double, 13 mailles simples; terminez par 1 surjet simple et 1 maille simple.

6ᵉ tour, tout à l'envers, 1 maille, 2 mailles ensemble, 11 mailles ||, 3 mailles ensemble, 11 mailles; terminez par 2 mailles ensemble et 1 maille.

7ᵉ tour, comme le premier.

N° 6. — TRICOT NORVÉGIEN

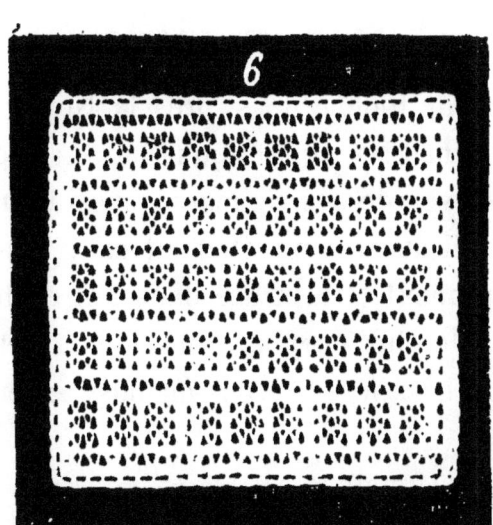

Il fait froid en Norvège, aussi est-ce pour cela

que l'on y emploie pour couvre-pieds le joli petit tricot suivant, qui n'a pas l'ombre de jours.

1er tour, 3 mailles à l'envers ||, 2 mailles simples, 3 mailles à l'envers.

2e tour, 3 mailles simples ||, 2 mailles à l'envers, 3 mailles simples.

3e tour, toutes mailles simples.

4e tour, toutes mailles à l'envers.

5e tour, comme le premier.

6e tour, comme le deuxième.

N° 7. — TRICOT SUÉDOIS

La Suède touche de si près la Norvége que le même climat les régit, et qu'il faut, en se couvrant, se préserver de ses rigueurs ; aussi le tricot suédois est-il aussi complétement mat. Il peut malheureusement être utilisé dans notre climat, qui devient de plus en plus froid, et couvertures, jupons ou brassières seront chauds, exécutés avec ce tricot.

Monter 24 mailles.

1er tour, toutes mailles simples.

2e tour, 9 mailles à l'envers, 3 mailles simples.

3ᵉ tour, 3 mailles à l'envers, 9 mailles simples.

4ᵉ tour, 9 mailles à l'envers, 3 mailles simples.

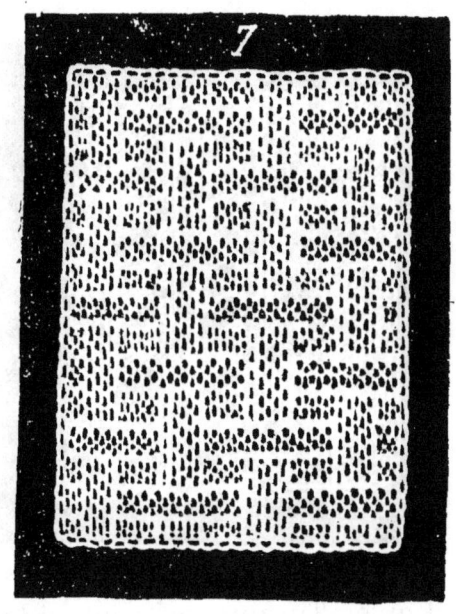

5ᵉ tour, toutes mailles à l'envers.

6ᵉ tour, 3 mailles à l'envers, 3 mailles simples, 9 mailles à l'envers.

7ᵉ tour, 6 mailles simples ‖, 3 mailles à l'envers, 9 mailles simples.

8ᵉ tour, 3 mailles à l'envers, 3 mailles simples, 9 mailles à l'envers.

9ᵉ tour, toutes mailles à l'envers.

10ᵉ tour, comme le deuxième.

TRICOT TURC

Il paraît qu'en Turquie, on peut, si toutefois on y travaille, avoir besoin d'objets moins épais, mais tous ces noms, que l'on cherche à approprier le mieux possible, ne sont que des appellations de fantaisie, et suivant les personnes, les noms souvent varient; tel tricot que j'appelle turc s'appellera égyptien dans d'autres circonstances, tout cela étant, je le répète, peu important dans le fond. Les dessins aidant, on sait d'avance l'ouvrage que l'on va obtenir, par mon explication, et on s'y met sans crainte de déception, ce qui pourrait arriver si les noms de baptême étaient invariables; ceci dit, continuons :

Monter 36 mailles.

1ᵉʳ tour, 1 maille simple ||, 1 passe, 2 mailles ensemble, 1 passe, 2 mailles ensemble, 1 maille simple, 1 passe, 3 mailles simples, 3 mailles ensemble, 3 mailles simples, 1 passe, 1 maille simple.

2ᵉ tour, toutes mailles à l'envers.

3ᵉ tour, 1 maille simple ||, 2 mailles ensemble, 1 passe, 2 mailles ensemble, 1 passe, 2 mailles simples, 1 passe, 2 mailles simples, 3 mailles ensemble, 2 mailles simples, 1 passa, 2 mailles simples || ; terminez par 1 maille simple.

4ᵉ tour, toutes mailles à l'envers.

5ᵉ tour, 1 maille simple ||, 1 passe, 2 mailles ensemble, 1 passe, 2 mailles ensemble, 3 mailles simples, 1 passe, 1 maille simple, 3 mailles ensemble, 1 maille simple, 1 passe, 3 mailles simples || ; terminez par 1 maille simple.

6ᵉ tour, toutes mailles à l'envers.

7ᵒ tour, 1 maille simple ||, 2 mailles ensemble.

1 passe, 2 mailles ensemble, 1 passe, 4 mailles simples, 1 passe, 3 mailles ensemble, 1 passe, 4 mailles ensemble ‖ ; terminez par 1 maille simple.

8ᵉ tour, tout à l'envers.

9ᵉ tour, comme le premier.

Nº 9. — TRICOT BERNOIS

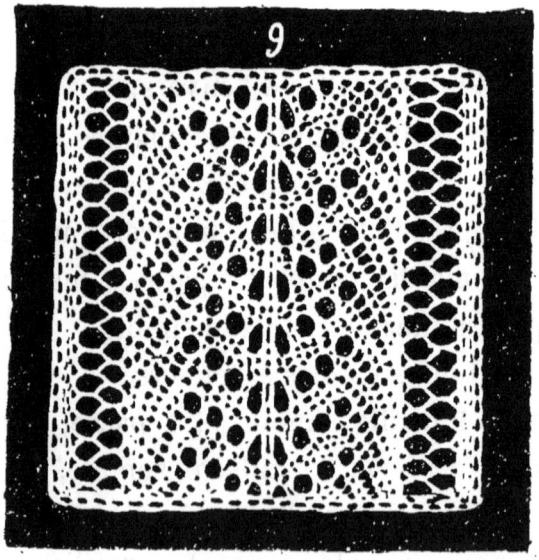

Prêt de clore la série, je ne puis le faire sans vous donner encore l'explication de ces deux derniers dessins, qui sont si jolis. Celui que je vais vous expliquer en premier lieu s'appelle aussi tricot gerbe ou tricot feu d'artifice. On l'emploie beaucoup pour rideaux, dessus de lit ou d'édredon.

Monter 32 mailles.

2 mailles simples ||, 1 passe, 1 surjet simple, 2 mailles ensemble (répéter cela trois fois). 1 passe, 1 maille simple (répéter cela sept fois). 2 mailles ensemble (répétez trois fois) || ; terminer par 2 mailles simples.

2ᵉ tour, tout à l'envers, 4 mailles, 1 passe, 2 mailles ensemble, 24 mailles.

3ᵉ tour, 2 mailles simples ||, 1 passe, 1 surjet simple, 24 mailles simples; terminer par 2 mailles simples.

4ᵉ tour, comme le deuxième.

5ᵉ tour, comme le premier.

6ᵉ tour, comme le deuxième.

7ᵉ tour, comme le troisième.

8ᵉ tour, comme le deuxième.

9ᵉ tour, comme le premier.

Vous le voyez, il n'est pas compliqué et est fort heureux.

N° 10. — TRICOT NAPOLITAIN

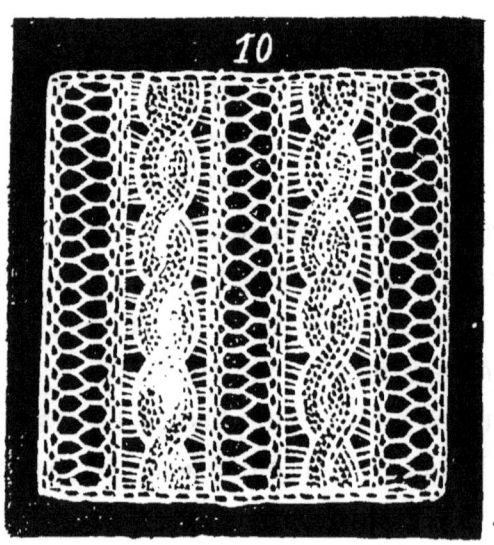

Celui-ci est plus mignon, plus léger; pour objets d'enfant, il sera apprécié.

1ᵉʳ tour, 1 maille simple ||, 1 passe, 1 surjet simple, 10 mailles simples, 1 passe, 1 surjet simple, 10 mailles simples; terminez par 1 maille simple.

2ᵉ tour, tout à l'envers; 3 mailles ||, 1 passe, 1 surjet simple, 10 mailles simples; terminez par 1 maille.

3ᵉ tour, 2 mailles simples, 1 passe, 1 surjet

simple, 10 mailles simples ; terminez par 1 maille simple.

4ᵉ tour, comme le deuxième ; terminez par 2 mailles ensemble.

5ᵉ tour, comme le troisième.

6ᵉ tour, comme le deuxième.

7ᵉ tour, comme le troisième.

8ᵉ tour, comme le deuxième.

9ᵉ tour, 2 mailles simples ||, 1 passe, 1 surjet simple prenez ; 5 mailles à l'envers sans les tricoter, puis, avec une troisième aiguille, prenez également à l'envers, et sans les tricoter, les 5 mailles suivantes ; maintenant, remettez sur votre aiguille n° 2, qui est inactive, les 5 premières mailles qui sont sur l'aiguille n° 1, puis les 5 qui se trouvent sur la troisième aiguille, cela vous donne le tortillé, le cordage, si je puis m'exprimer ainsi, qui se voit sur votre dessin ; maintenant, tricotez les 10 mailles simples, 1 passe, 1 surjet simple ; terminez par 1 maille simple.

Exécuté en laine, en alternant ses nuances, lorsqu'on tourne ses aiguilles l'une sur l'autre, on obtient de bien jolis coussins ou couvre-pieds.

10ᵉ tour, comme le quatrième.

11ᵉ tour, comme le troisième.

12ᵉ tour, comme le quatrième.
13ᵉ tour, comme le troisième.
14ᵉ tour, comme le quatrième.
15ᵉ tour, comme le troisième.
16ᵉ tour, comme le quatrième.
17ᵉ tour, comme le troisième.
18ᵉ tour, comme le quatrième.
19ᵉ tour, comme le neuvième.
20ᵉ tour, comme le quatrième.

VI.

GUIPURE RENAISSANCE.

GUIPURE RENAISSANCE.

Voici deux mots qui s'harmonisent à merveillé, le nom seul du travail est déjà un attrait qui attire et donne l'envie de l'entreprendre et de le connaître.

En architecture le style renaissance est un de ceux qui flattent davantage le goût de la femme; tant soit peu artiste, elle aime ces dentelures fines et délicates, ces ornements découpés dans la pierre, et je comprends qu'elle ait essayé, cette femme délicate, de créer un travail en rapport de style avec la dite architecture; je suis certaine que les premiers travaux de la guipure ont été entrepris par les belles châtelaines des dixième et onzième siècles, pour l'ornement des églises ou des oratoires.

Car n'allez pas croire, Mesdames, que la guipure renaissance soit une nouveauté de notre siècle, ce n'est qu'une réminiscence, comme la broderie sur filet, ce dont vous pouvez vous convaincre par votre visite au musée de Cluny.

Mais, création ou copie, j'affirme, et j'ai la prétention de m'y connaître, que c'est un des ouvrages de femme les plus attrayants que je connaisse ; il est varié, facile et ne demande pas une trop grande attention, il faut du goût, de l'initiative ; à vous, travailleuse, d'harmoniser vos jours, de les varier à votre fantaisie, car sauf les contours du dessin, tout peut être par vous modifié sur les modèles que vous avez ; si un jour ne vous convient pas où il est indiqué, vous pouvez le remplacer par un autre, et ce qui arrivera souvent sur les feuilles de broderie de vos journaux, si vous n'avez qu'un tracé, vous pourrez, grâce au petit *vade mecum* qui va suivre, créer les plus belles dentelles et les plus riches entre-deux qui se puissent imaginer.

Une seule chose est à observer, c'est de nuancer, si je puis m'exprimer ainsi.

A côté d'un motif au point mat, en créer un très-clair, avoir enfin la science des oppositions.

Quels sont les matériaux qui nous sont nécessaires ?

Du lacet aux bords à jour, créé pour ce travail, du fil cœur de lin ;

Une épingle pour les picots.

Le lacet se trouve dans le commerce, où il est

connu sous le nom de lacet renaissance, on peut le remplacer par du lacet ordinaire en faisant aux bords de celui-ci de petites épingles, ce que je vous apprendrai plus loin.

Le fil, comme je viens de le dire, doit être du fil cœur de lin le plus régulier possible et de bonne fabrique.

En général on ne se sert pas de fil trop fin, car le style de la guipure renaissance demande que le travail ne soit pas trop fin, trop minutieux ; au contraire, il doit être à effet. Le fil fin ne s'emploie pas pour les objet de toilette, mais pour les guipures d'ornement, tels que rideaux, couvre-pieds et coussins, le gros fil est préférable, les dessins par leur ampleur l'exigent.

Vous voyez, l'arsenal n'est pas bien considérable, nous aurons donc tout le mérite de nos œuvres.

Parlons d'abord de la préparation qui doit se faire avant les jours et qui est d'une importance extrême.

Tracer son dessin sur un papier assez mince, poser et coudre ce papier sur une toile cirée à broderie, prendre son lacet renaissance et le coudre sur ce papier en suivant tous les contours du dessin, comme on coudrait une soutache.

J'engage à faire ce travail soigneusement, à ne

le point considérer comme sans importance, car si les dessins ne sont pas bien suivis, les contours pas bien arrêtés, les jours ne pourront rectifier ce qu'il y aura de défectueux dans le dessin, au contraire, ils le déformeront plutôt s'il n'est pas bien arrêté, donc, coudre à petits points son lacet, surtout aux angles et aux croisements.

Une fois notre lacet cousu, examiner notre dessin et décider dans notre tête, les endroits que nous ferons mats et ceux que nous laisserons clairs, puis nous mettre à l'œuvre, faire nos jours dans l'intérieur des fleurs et des feuilles; les intervalles qui relient les unes aux autres, se font en barrettes à picot et les milieux des branches ont des dessins spéciaux et des jours distincts dont vous trouverez explications et dessins.

Voici qui est bien compris, n'est-ce pas, mettons-nous aux jours et commençons par le plus simple, le plus facile, celui qui est la clef de tous les autres.

POINT DE TULLE ALLER.

Rien qu'en voyant mon petit croquis vous vous rendez compte que ce n'est absolument qu'un point de feston, un peu plus ou un peu moins rap-

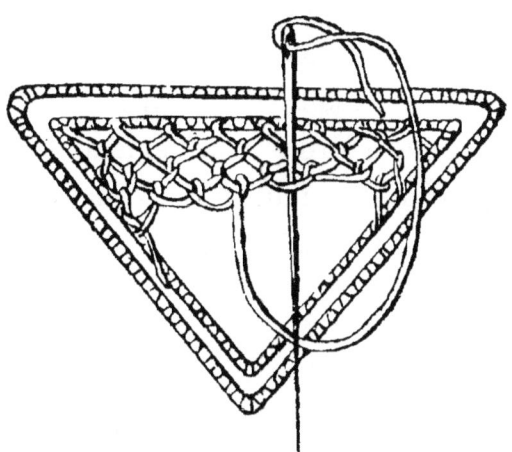

proché suivant la grandeur du jour que l'on veut faire.

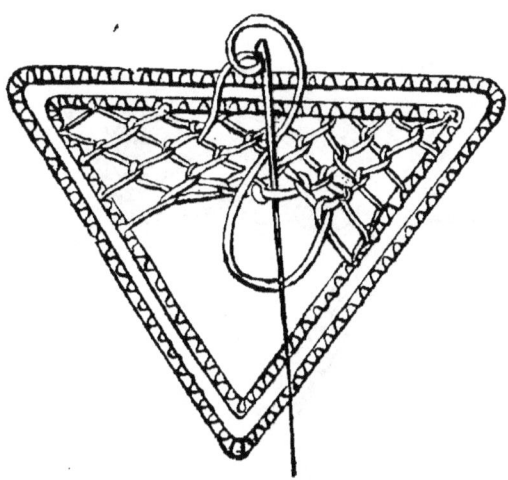

J'ai fait dessiner l'aller et le retour; pour mettre

les points sur les *i*, et que l'on ne soit arrêté par aucune difficulté, on aurait pu dire comment revenir, faut-il couper son fil et recommencer; non, jamais n'est besoin de couper son fil, on part de gauche à droite, on revient de droite à gauche, pour passer d'un rang à l'autre, on fait un point glissé sur le lacet, du bord de la hauteur du jour que l'on veut faire, ceci est bien compréhensible.

3. — POINT DE PERLE.

Ainsi que je vous l'ai dit plus haut, le point de tulle est le point de feston modifié, augmenté, amplifié, mais il est la base de tous les autres.

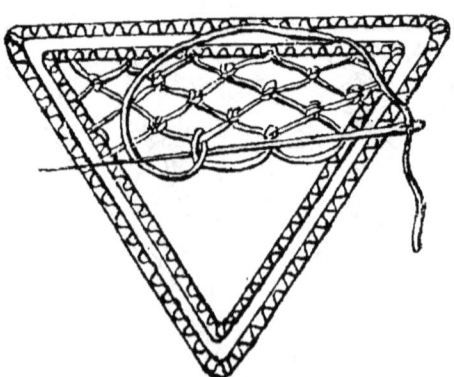

Le point de perle consiste à faire d'abord son point de feston dans son anneau, puis à le maintenir par un autre point de feston, fait en travers, ainsi que l'indique si clairement notre croquis n° 2, lequel est fait au rang de retour, le point de perle double étant fait à l'aller, on se rendra bien compte du travail pour les deux jours.

4. — POINT DE PERLE DOUBLE.

Consiste en une maille de tulle retenue par deux points de feston faits en travers.

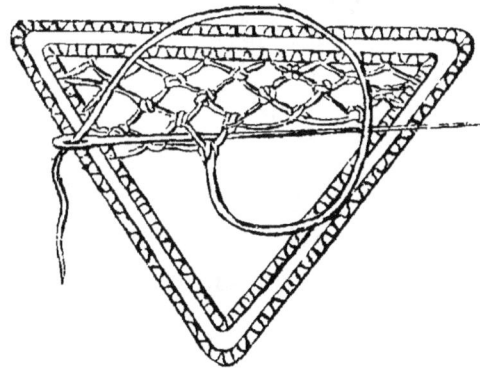

Le point de perle triple est le même, sauf que trois points de feston sont à côté l'un de l'autre et retenus par trois points en travers comme aux deux premiers.

5. — POINT DE TULLE PERLÉ.

Faire un rang de point de tulle en commençant cette fois de droite à gauche, puis revenir par celui d'aller, faire un point de tulle, puis à cheval dans la bouclette de ce point en revenant sur soi-même

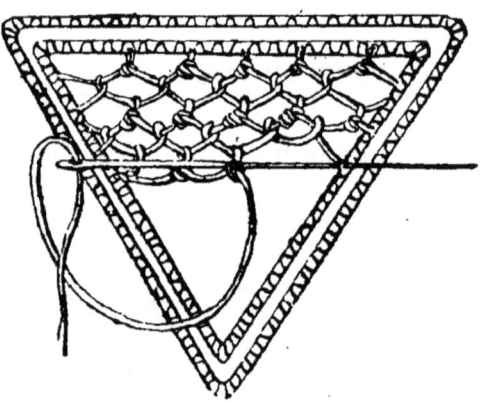

trois points de feston; ceci fait, passer de suite à l'autre réseau, faire son point de tulle, puis refaire trois points de feston à l'arrière, le rang du retour tous points de tulle.

6. — POINT DE PARIS.

Faire un point de tulle à l'aller, c'est-à-dire de gauche à droite, on retourne, on cordonne, le bas de chaque point en passant le fil dans chaque trou comme si on surjetait, il est bien entendu que

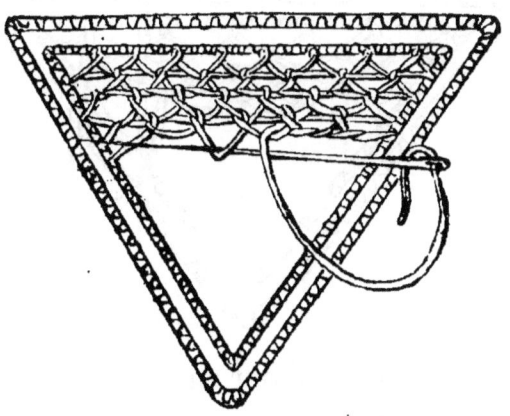

pour ce rang on ne redescend pas le long du lacet, il complète le rang de l'aller, tout simplement.

6 bis. — POINT DE TOILE.

Ou point de reprise, tout simplement, qui consiste à tendre bien ses fils dans un sens et à les contrarier très-régulièrement dans l'autre.

7. — POINT DE DIAMANT.

Faire une bouclette du point de tulle, puis deux points de feston à côté, ou pour parler plus clairement trois points de feston à côté l'un de l'autre.

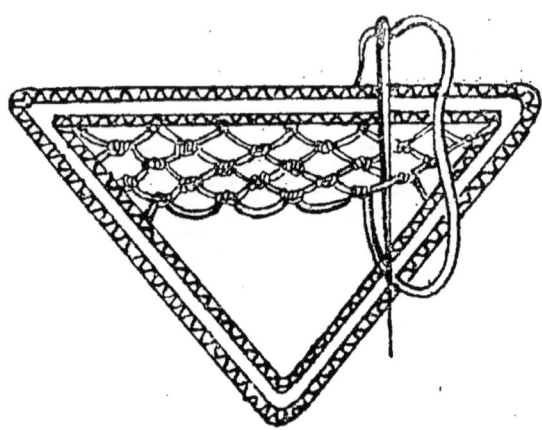

On peut modifier ce jour en alternant un réseau au point simple, et un autre avec les trois points.

8. — POINT DE DIAMANT PERLÉ.

On fait ses trois points de feston à côté les uns

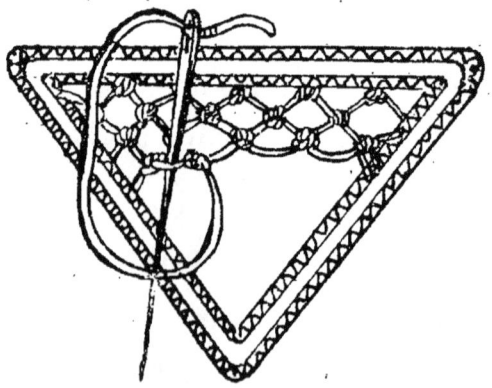

des autres, puis on revient en arrière et on fait un

quatrième point de feston, pris à côté du premier des trois et de suite on passe à l'autre réseau.

9. — POINT DE GIBECIÈRE.

Ce jour est très-clair, et produit bon effet, faire un rang de point de tulle, puis tendre son fil tout droit de droite à gauche, sans faire de points et

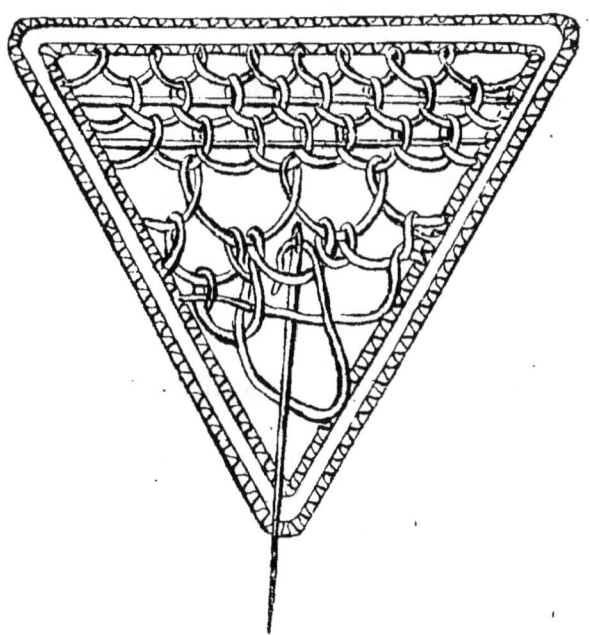

revenir piquer sur le lacet de gauche, faire, un point de tulle à cheval sur le fil tendu et sur le réseau du rang précédent, retendre son fil de droite à gauche, et faire un autre rang de tulle.

Au retour, cette fois, faire de grands réseaux de point de tulle, en sautant un point sans y entrer.

Rang d'aller, deux points de tulle dans chaque grand anneau, tendre son fil au retour et faire à l'aller un point de tulle entre chaque point du rang précédent, car les deux points qui se trouvent à côté l'un de l'autre, dans le grand réseau ne doivent pas être serrés, afin de permettre de travailler entre eux ; retour, tendre son fil, puis à l'aller, un rang de tulle ordinaire, puis au retour, encore une fois, les grands réseaux et toujours de même.

10. — POINT D'OSIER.

Ressemble beaucoup au dernier, mais est encore plus joli.

Commencer de droite à gauche, un rang de tulle ordinaire.

Rang d'aller, un rang de perle, c'est-à-dire, deux points un peu lâches à côté l'un de l'autre, dans le même réseau, du rang précédent ; rang de retour, tendre son fil de droite à gauche.

Rang d'aller, deux points à cheval et sur le fil tendu, et dans la grande bouclette du rang précédent, un point entre les deux points de feston du rang précédent, deux points à cheval dans la grande bouclette.

Rang de retour, une grande bouclette prise de trois en trois points du rang précédent.

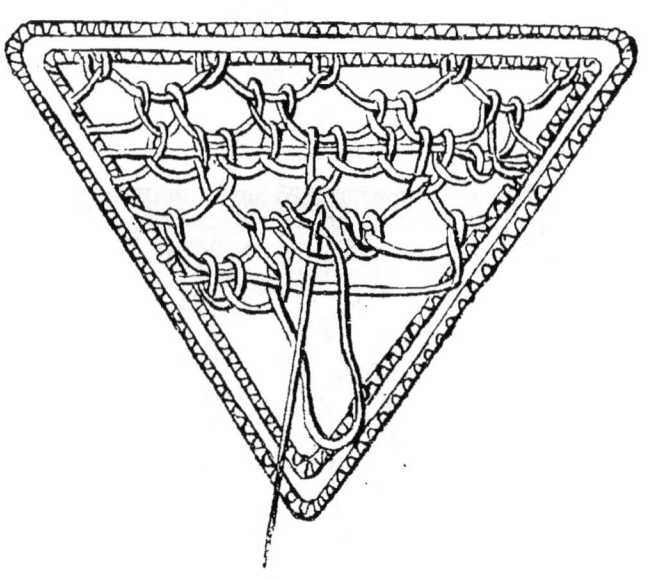

Rang d'aller, deux points de feston un peu lâches dans chaque grande bouclette du rang précédent.

Rang de retour, tendre son fil de droite à gauche.

Rang d'aller, deux points à cheval et sur le fil

tendu et dans la grande bouclette, un point entre les deux points, un dans la grande bouclette etc.

Recommencer les grandes bouclettes et continuer régulièrement comme précédemment.

11. — POINT DE MILAN.

Ce point au crochet, s'appellerait les grandes et les petites brides.

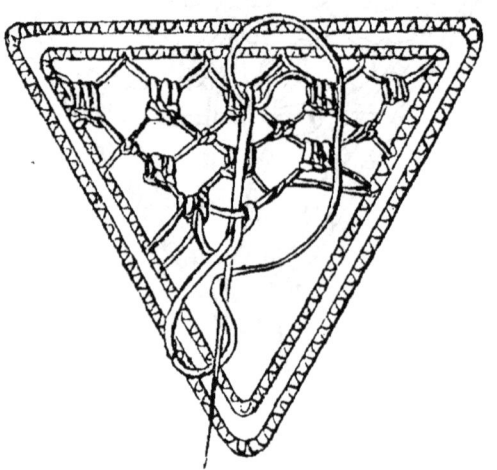

Premier rang, de droite à gauche, un rang de tulle.

Deuxième rang, trois grandes brides à côté l'une de l'autre exécutées ainsi :

Un point de feston, mais pour qu'il soit allongé

on entre d'abord son aiguille dans le réseau, puis on tourne autour de la dite aiguille avant de tirer son fil travailleur, comme l'indique clairement le croquis.

Au rang de retour, on fait tout simplement trois points de tulle ordinaire à côté les uns des autres.

12. — POINT DE ROSETTE.

Faire un point de tulle, d'abord, de gauche à droite, puis un autre point de tulle de droite à

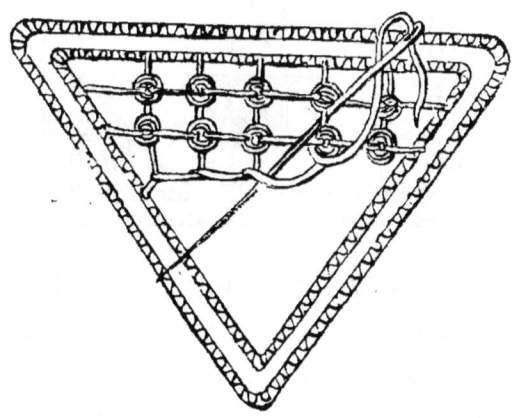

gauche, seulement à chaque endroit où on prend son point, on tourne son fil entre les quatre qui se croisent en passant alternativement en-dessus et en-dessous pour former le petit pois, puis on cordonne le fil qui termine le pois, et fait dans l'autre réseau un autre point de tulle que l'on entoure d'un nouveau pois, cela produit un quadrillé régulier aux angles duquel se trouvent les petits pois.

13. — POINT DE MILAN TRIPLE.

Ce point qui se fait aussi sur le filet ordinaire doit subir alors la préparation voulue pour l'utili-

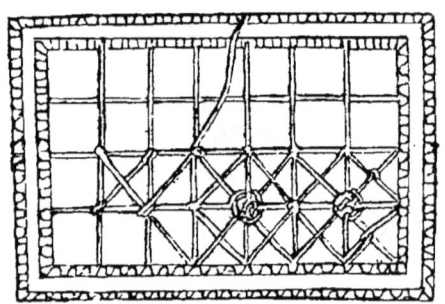

ser dans la guipure, il faut tendre des fils en long et en large pour imiter le quadrillé régulier du filet en ayant soin de les arrêter aux angles. Ceci fait on passe à intervalles réguliers des fils qui doivent couper en biais chaque carré, on retourne le travail et dans l'autre sens on tend encore des fils qui se croisent sur les premiers et on entoure l'endroit du croisement d'une rosette, comme au point précédent, on continue en montant et en descendant alternativement et en faisant toujours dans le biais, du reste reportez-vous au croquis.

14. — POINT DE RIVIÈRE.

Ce point est un peu ouvragé, mais il est joli.

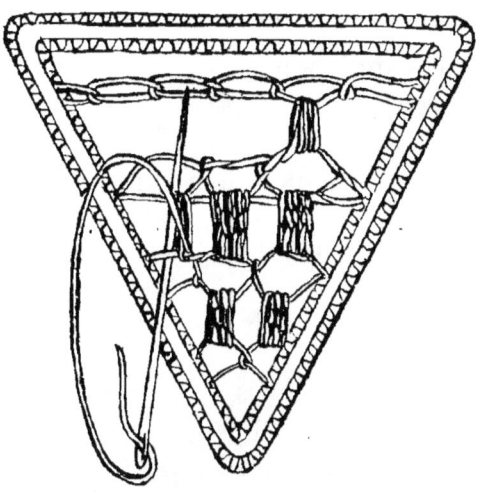

On tend son fil de droite à gauche, puis on fait sur ce fil un rang de point de tulle. On glisse le long lacet, on retend son fil de gauche à droite et on refait en revenant un rang de tulle, on répète cela dans toute la longueur du jour; nous avons de grands intervalles qui sont vides, nous allons revenir, sur le travail déjà fait et remplir ses intervalles, nous prenons dans le réseau du bout au point de tulle et dans celui qui se trouve parallèle en dessous et passant alternativement trois ou quatre fois dans ces trous, en montant et en descendant, nous remplissons d'un mat, une partie de cet intervalle; lorsqu'un mat est fait nous cordonnons l'intervalle, et passons aux deux réseaux suivants ; notre aiguille doit être en dedans de notre fil. Cela forme un 8 qui est indispensable.

POINT DE VENISE

Il faut d'abord faire un feston à même le lacet,

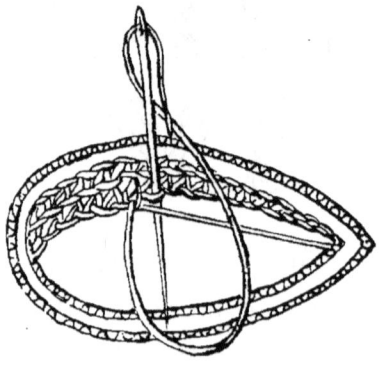

et cela tout du long, en allant de gauche à droite, puis on tend un filet dans toute sa longueur, et revenant de gauche à droite, on fait un point de feston dans chaque point du rang précédent, en prenant en même temps le fil tendu qui forme chaîne, si je puis m'exprimer ainsi.

Le travail se continue toujours de même dans tout le vide qu'il doit remplir, et comme le feston doit être assez serré, il se produit un mat bien régulier.

POINT DE PLUME

Ce point s'exécute en coton à broder, et l'effet en est très-bon, on le retrouve aussi dans les jours sur filet.

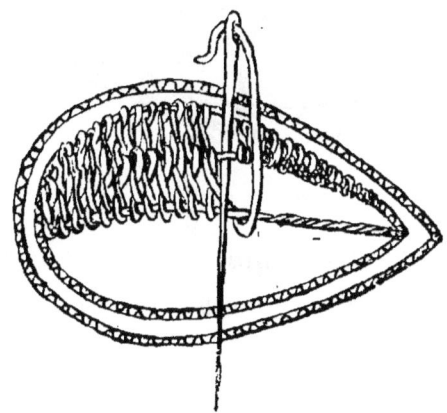

On tend un fil dans toute la longueur de la feuille, ce fil forme chaîne, comme au jour précédent, mais il doit être espacé d'avec celui qui précède de 3 à 4 millimètres à peu près, on pique son aiguille à cheval sur le fil du rang précédent, comme dans le croquis n° 15, ou à même le lacet. Si on exécute le premier rang, l'aiguille doit passer devant le fil tendu du second rang, et le fil être en deçà de l'aiguille, au reste le croquis l'indique bien clairement.

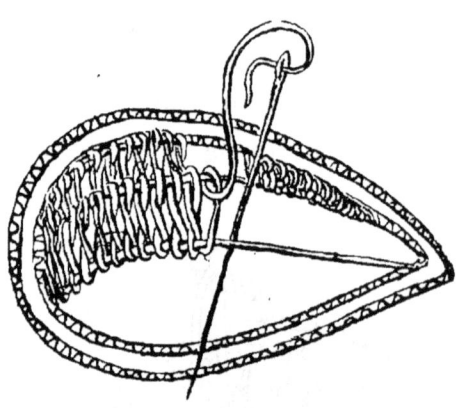

Le point suivant, qui complète le précédent, s'exécute tout simplement en entrant alors son aiguille en dedans du second fil tendu, le fil travailleur reste alors en delà de l'aiguille; il est bien entendu qu'aux rangs inférieurs les points se prennent entre eux des rangs précédents, et cela bien régulièrement.

POINT DE PLUME CORDONNÉ

Ce point diffère peu du précédent, il se fait en général dans les intervalles oblongs.

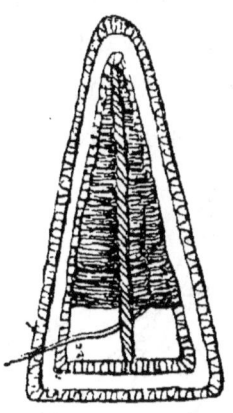

Le point est celui du point de plume, pris en tête comme en pied sur le lacet même, puis au milieu on lance des fils pour former arêtes, et on cordonne bien régulièrement ces fils, ce qui produit une grosse côte très-jolie.

Voici tous les jours pleins terminés, il nous reste à nous occuper des barrettes anglaises qui relient fleurs, feuilles et bordures les unes aux autres, et les jours d'entre-deux proprement dits.

BARRETTE ANGLAISE OU DE VENISE

Les barrettes sont tout simplement ces fils droits tendus dans tous les sens, qui, comme je le dis plus haut, retiennent les dessins les uns aux autres ; on tend donc deux ou trois fils d'une extrémité à l'autre, suivant que c'est indiqué par le dessin, et sur ces fils tendus on fait tout simplement un point de feston ordinaire.

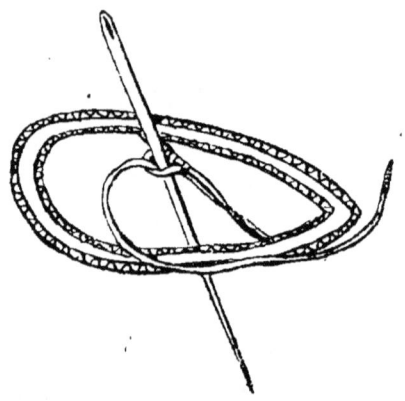

Mais si on agrémente ces barrettes de picots réguliers, elles auront bien plus de valeur, et c'est pour obtenir la régularité de ces picots que l'on a besoin de l'épingle dont j'ai parlé au commencement, épingle que l'on tient toujours à sa disposition, en entrant l'anneau qui la soutient dans son petit doigt.

Lorsque l'on a trois ou quatre points de feston ordinaire, on pique son aiguille tout droit à travers l'ouvrage, puis on fait son point de feston, en y comprenant l'aiguille comme au croquis précédent ensuite on vient faire un autre point de feston en travers de celui-ci, comme au croquis suivant. Ce point maintient bien cette forme sur l'aiguille,

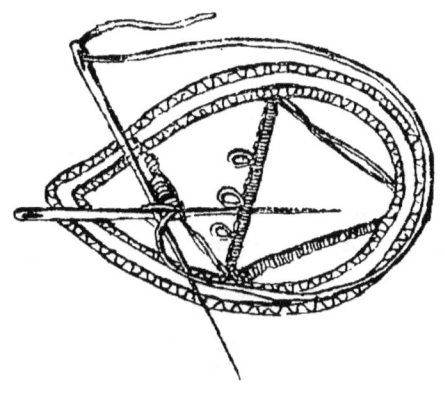

dont la grosseur avait formé une bouclette ou picot; il me semble que si on regarde les croquis, il est impossible de ne pas comprendre ce que j'explique là, mais ce qui deviendrait cependant incompréhensible, si on n'avait le secours de ce dessin.

Donc continuons et passons au point de chausson double.

POINT DE CHAUSSON DOUBLE

Ce point est tout simplement le point de chausson de la couture ordinaire, cordonné du haut et du bas.

On jette son fil en biais d'un lacet à l'autre, en

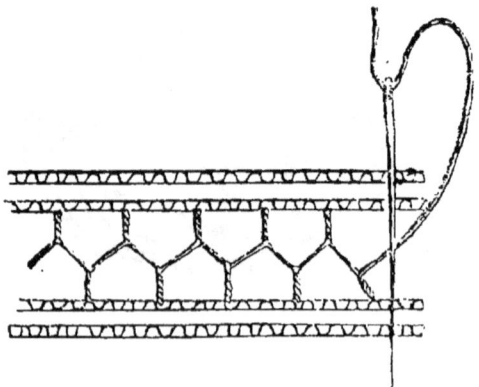

commençant par le bas, puis, passant son aiguille sous le fil tendu, on cordonne jusqu'au milieu du biais, puis on va au bord opposé, on refait un second point de chausson, que l'on cordonne également.

Le grand point est d'obtenir la plus grande régularité dans les intervalles d'un point à l'autre.

ROSETTES

Les rosettes sont à peu près la répétition du jour n° 13, seulement comme il se fait entre deux montants, il est plus simple d'exécution.

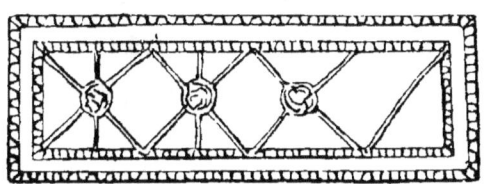

On passe des fils en biais d'un lacet à l'autre, en forme d'X ou de croix, on passe au milieu de l'X un fil droit, allant d'un lacet à l'autre, mais il faut cordonner tous ces fils tendus, et les réunir dans le milieu par un pois obtenu en passant son fil en dessus et en dessous de ceux de l'X, en en tournant en forme de colimaçon.

BARRETTES ANGLAISES

Il faut faire de chaque côté du lacet un point de tulle régulier, et un peu espacé; puis, prenant dans le jour du haut et dans celui correspondant du bas, on produit un mat en passant plusieur fois son fil dans les trous.

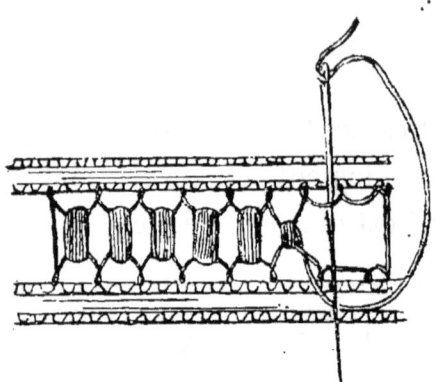

BARRETTES TIERCÉES

On fait, comme précédemment, un rang de point de tulle, un peu plus serré, puis on passe à cheval un fil dans les deux points correspondants, et après avoir cordonné ce fil, on répète cela dans

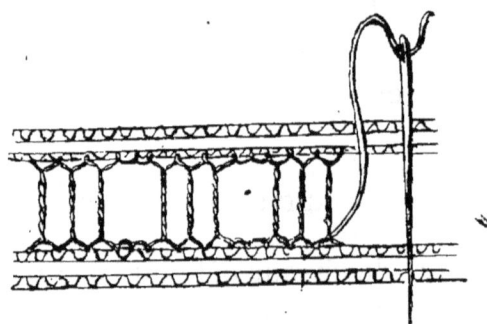

les deux fils suivants, puis on laisse un espace de trois trous sans passer de fil et on recommence trois barrettes à côté les unes des autres.

BARRETTE DE VENISE BOUCLÉE

Nous avons déjà la barrette de Venise avec ou sans picot, en voici une autre dont nous connaissons déjà le travail dans le crochet.

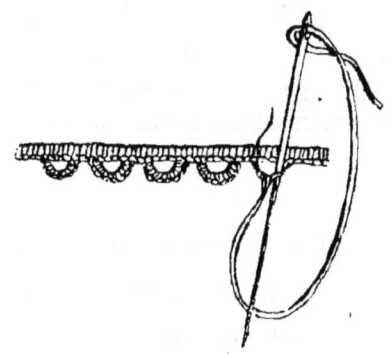

On tend ses fils comme à la barrette anglaise, on fait dessus son point de feston ordinaire, puis, lorsque l'on a fait sept ou huit points, on revient sur ceux-ci, de droite à gauche, puis on revient au point de départ en festonnant la petite dent formée par ce fil lancé.

POINT D'ÉQUERRE

Faire un point de tulle à l'intérieur des lacets, et cela de chaque côté, puis un point de chausson simple, ensuite festonner ces fils tendus et avoir bien soin de maintenir, sous le pouce gauche, le fil qui doit former la boucle du feston, pour bien

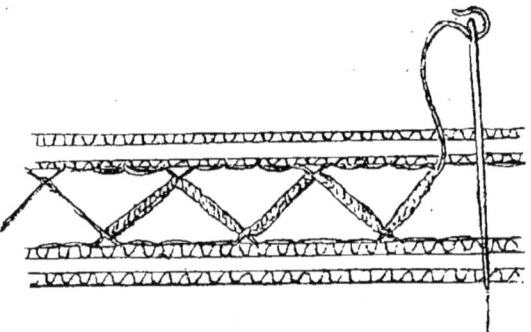

accentuer les pointes, on prend à la fois la base du fil que l'on vient de festonner, et celle du fil sur lequel on va redescendre.

ROUES FESTONNÉES

Il faut tendre deux fils en croix, les cordonner.

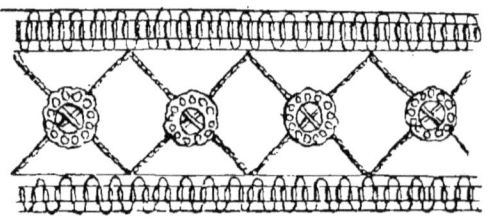

les arrêter par le milieu, puis à une distance d'un

millimètre du centre, tendre un fil allant d'une branche de la croix à l'autre, ce qui forme une roue que l'on festonne, deux fils pour la tendre et la tracer valent mieux qu'un.

POINT D'ESPAGNE

Ce point, qui est fort joli, est très-minutieux à exécuter.

Le tracé est le même que pour le point d'équerre, lorsque celui-ci est terminé, on cordonne à moitié les deux fils formant le sommet de l'équerre, pour ne former au milieu qu'une seule

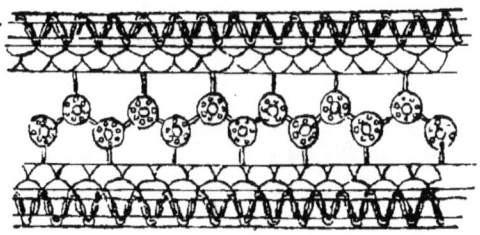

barre, sur laquelle on place un petit œillet que l'on festonne. On opère de même de l'autre côté, de sorte que l'œillet se trouve tantôt dans l'angle supérieur, et tantôt dans l'angle inférieur des barres.

Ayant travaillé par moi-même, je me suis rendu un compte exact des endroits difficiles qui, m'ayant embarrassée moi-même, peuvent arrêter les travailleuses et je me suis efforcée d'aplanir les difficultés autant qu'il m'a été possible. Puissé-je avoir réussi.

VII.

TAPISSERIES.

TAPISSERIE.

La tapisserie est l'ouvrage des femmes patientes, travailleuses et artistes ; avec sa modeste aiguille et sa corbeille remplie de laine aux nuances variées, la dame intelligente et artiste peut créer de jolis tableaux, copier des fleurs, des fruits, des animaux et même des personnages, l'art de nuancer ne s'apprend pas par des démonstrations, c'est le goût et l'instinct qui peuvent seuls guider la travailleuse.

Nous ne nous occuperons même point de l'art de nuancer ici, car ce n'est pas dans les goûts et les aptitudes du plus grand nombre, mais nous allons réunir le plus grand nombre de variétés de points à l'aide desquels nous ferons des travaux plus ordinaires, plus pratiques, si je puis m'exprimer ainsi, mais qui auront aussi leur valeur.

Commençons donc par le point de marque, celui qui est l'ABC de la tapisserie, le premier que l'enfant qui commence à tenir son aiguille exécute dans sa petite main mignonne.

Il y a plusieurs sortes de canevas, ceci est important à savoir.

Le canevas Pénélope, qui est représenté dans nos neuf premiers croquis, s'emploie généralement pour les tapisseries courantes. La séparation qui se trouve entre les carrés rend son usage facile et commode.

Il y en a de plusieurs grosseurs. Elles sont désignées par leurs numéros. Le plus fin est le numéro 1.

Le canevas ordinaire, à mailles régulières, comme dans le croquis n° 11, s'emploie généralement pour les ouvrages nuancés, pour les travaux délicats; il se fait en coton et en soie, et lorsqu'il est en soie, on se contente souvent d'y jeter des dessins sans y faire de fond, comme pour bretelles, pelotes, porte-montre, etc.

Nous avons encore les canevas Java, de nuance Havane ou grise, au réseau serré, lequel dispense de faire des fonds, ce qui souvent est l'écueil de la tapisserie, car on n'aime point en général le travail fastidieux des fonds, qui devient une distraction si il est fait de l'un de nos points de fantaisie.

Revenons donc à notre point de marque.

On prend deux fils du canevas en biais puis on remonte à l'autre encoignure pour croiser son point de marque et lui fait former la croix.

Mais comme dans ce siècle on abrège tout et que l'on veut être arrivé au bout du travail avant de l'avoir commencé, on remplace le point de marque croisé par le point simple non croisé, celui-ci se fait toujours de gauche à droite, le point recouvert de droite à gauche, et, pour revenir, en le recouvrant de gauche à droite.

Pour éviter ce que l'on appelle des poux, pardonnez-moi la vulgarité du mot, il est adopté pour parler de ces petits blancs que l'on aperçoit entre les points de tapisserie lorsque ceux-ci ne recouvrent pas bien le canevas.

Pour éviter ces poux, dis-je, dans le point simple, on lance un brin de laine d'un bout à l'autre du rang, et on le recouvre en revenant sur soi-même.

PETIT POINT.

Le petit point doit toujours se faire de biais et sur canevas ordinaire, car on ne doit prendre à la fois qu'un fil en largeur et en hauteur. Le biais doit être dans la longueur du travail et on doit aller en remontant et en redescendant alternativement sans quitter la laine ; sans cette précaution le petit point aurait l'air d'être fait en plusieurs sens, et il y aurait des raies qui changeraient sans qu'on le veuille la nuance des soies.

POINT DES GOBELINS.

Le point des Gobelins, qui consiste à prendre deux fils dans sa largeur contre un dans sa hauteur, se fait aussi en travers et en remontant.

POINT DE DIABLE.

Ce point fournit beaucoup et s'emploie pour fond, il produit surtout un bon effet sur gros canevas Pénélope en laine dix fils, grâce à lui on peut faire promptement des lambrequins, portières, etc., en l'employant pour des bandes à teintes plates.

Prendre quatre fils en biais, recouvrir en croix comme dans le point de marque, puis passer son aiguille au milieu de l'X et faire un point droit de bas en haut, répéter cela dans l'autre sens en formant une croix sur la première X.

Le croquis n° 4 nous représente ce point com-

plétement terminé, tandis que l'autre nous le représente en voie d'exécution.

POINT SUÉDOIS.

Autrefois appelé Berlinois, mais fi de ce ce nom, il ferait détester le travail.

Ce point sert aussi pour fond. J'ai vu dernièrement une jolie tapisserie bien nuancée au milieu de ce point exécuté en câblé blanc ou gros cordonnet, rien n'était plus riche.

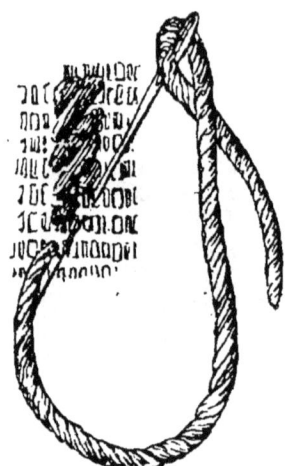

Prendre deux points en biais, puis trois, puis deux, reprendre deux points qui font suite aux deux du carré terminé, trois points, deux points.

Notre croquis n° 5 nous représente très-bien le travail, cependant l'aiguille ressort dans un trou trop haut.

POINT DE CROIX.

Ce point s'emploie pour les bordures des bandes ou pour fond; il consiste tout simplement à prendre quatre points dans le travers contre un

dans le long, et à le recouvrir en croix de même ce qui, au canevas Pénélope, fait huit fils contre deux.

POINT DE VELOURS.

Ce genre produit bon effet, surtout lorsque l'on veut graduer et non nuancer des tons.

On prend quatre points en travers et un en long, puis on vient poser son aiguille en dessous du troisième point et on prend encore quatre points. on revient en dessous des quatre premiers, et toujours ainsi; deux points en avant, deux en arrière; aux rangs suivants, les lignes entrent les

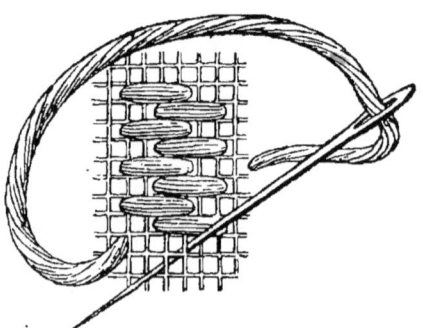

unes dans les autres, ce qui, comme je le dis plus haut, permet de graduer les tons. Notre aiguille est encore mal placée, elle doit ressortir en dessous du trou de l'aiguillée de laine.

POINT DE PAVÉ.

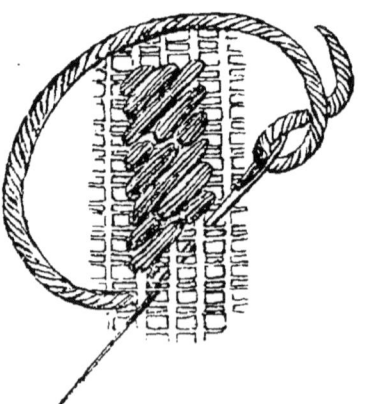

Ce point ressemble au n° 4. seulement il produit des carrés plus grands, et pour une grande tapisserie, un tapis d'église, par exemple, il produit bon effet.

On prend deux fils en biais, puis trois, puis quatre, on revient à trois, à deux. On recommence deux qui font pied aux trois du rang précédent, trois fils, quatre fils, on revient à trois et à deux, et toujours ainsi.

POINT DE REPS.

Ce point est une variété du point de velours, seulement on laisse un petit fil d'intervalle entre

chaque point vertical, et on couvrira ce fil par une espèce de point de piqûre exécutée en soie de même ton ou de nuance tranchante allant bien avec celle employée.

POINT DE NATTE.

Ce point, à lui tout seul, peut s'employer pour faire par exemple une paire de pantoufles ou un fond en alternant les couleurs à chaque rangée, bleu et gris, rouge et vert, rose et blanc, etc.

On le fait dans la longueur du canevas et non dans sa largeur; on jette son fil par-dessus deux points du canevas Pénéloppe et on ne recroise

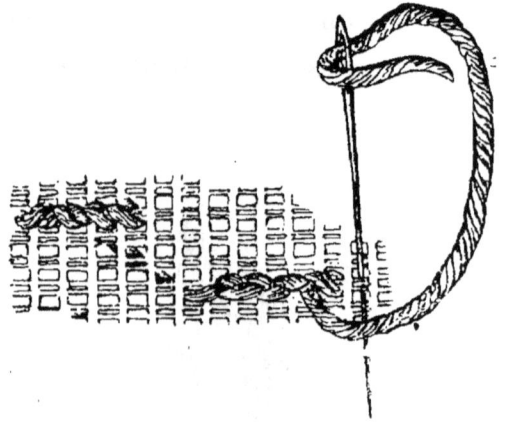

que par-dessus un point, car en lançant sa laine on croise naturellement le pied du point qui a recouvert. Le croquis représente le point au lancé, on n'a qu'à recroiser dans le trou qui se trouve à côté du point terminé.

POINT DE LOSANGE.

Ce point se fait généralement de plusieurs tons entrant les uns dans les autres, c'est une variété du point de velours, mais on lui fait toujours former point aigu en haut comme en bas, de sorte qu'il n'y a qu'à monter, à redescendre alternativement.

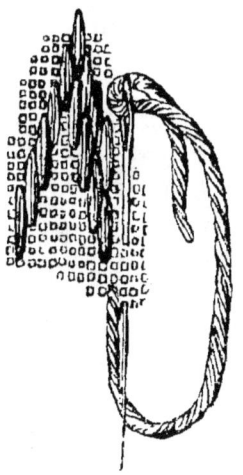

Au deuxième rang, on suivra bien les mêmes contours en prenant un autre ton, on peut même varier et alterner les couleurs lorsque l'on a, par exemple, cinq rangées de gris bien nuancés, on fera suivre immédiatement cinq rangées de rouge ou de bleu également bien nuancées, puis on reviendra au gris.

POINT GAULOIS.

On prend deux points en travers, un dans la longueur, puis on recouvre quand on a quatre points d'une couleur; on en fait quatre d'une autre, puis on reprend la première nuance que l'on contrarie au rang suivant, puis entre ces rangs on fait avec de la soie d'Alger ou du câblé de couleur tranchante un point arrière ou point

de piqûre. Le canevas ordinaire est préférable pour ce point, un enfant peut entreprendre une paire de pantoufles rien qu'avec ce point, cela ne le fatiguera pas à compter et l'amusera parce que cela n'est pas monotone.

POINT D'ÉCHELLE.

On prend en hauteur quatre fils, mais l'intervalle ne doit être que de un point; le biais traverse quatre fils bien entendu, une fois le premier fait, les autres suivent tout naturellement le même sens, puis laissant un point d'intervalle, on fait une autre rangée de biais en sens opposé. Dans le

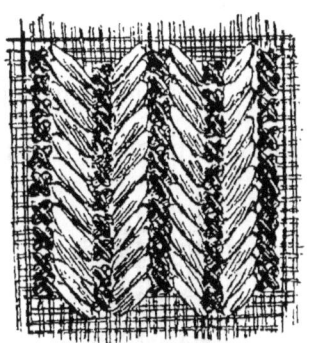

milieu, on fait tout simplement un point de marque recouvert en soie ou en câblé.

POINT DE PYRAMIDE.

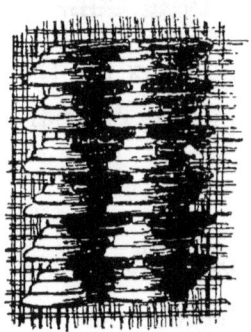

Avec une nuance cerise, par exemple, prendre

en ligne horizontale un point, puis trois, puis cinq, et enfin sept, recommencer un point, trois, cinq et sept.

A la rangée d'à côté, opérer avec de la laine d'un joli gris, en sens tout à fait opposé, sept points, cinq, trois et un.

POINT DE REPS DOUBLE.

Ce point est encore une variété du point de reps,

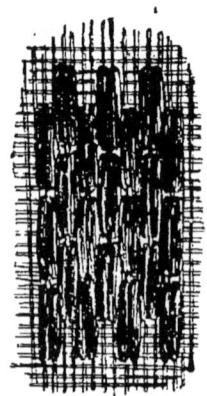

seulement on prend deux fils l'un après l'autre au lieu d'un, et la piqûre est par conséquent plus large.

POINT DE SILLON.

Ce point consiste, comme le point d'échelle, à lancer sa laine en biais régulièrement par-dessus quatre points en n'en prenant qu'un à la fois sur son aiguille; on alterne ses couleurs en les heurtant tous les cinq points, et on contrarie ses branches montantes et descendantes à chaque

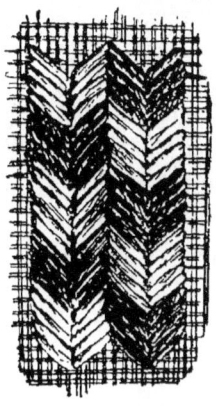

rangée, c'est-à-dire qu'on lance ses fils de haut en bas, dans un sens, et, dans l'autre, de bas en haut. On heurte aussi, en les contrariant, ses nuances d'une rangée à l'autre.

POINT D'IF.

Ce point est une variété plus jolie du point de pyramide. C'est celui-ci, mais varié de nuance dans sa marche même. On prend donc un fil, puis deux, puis trois, puis quatre, et enfin cinq, à côté et de nuance opposée, cinq fils, quatre, trois, deux et un ; puis, en face, on prend encore cinq fils, puis quatre, puis trois, puis deux et, enfin, un, et

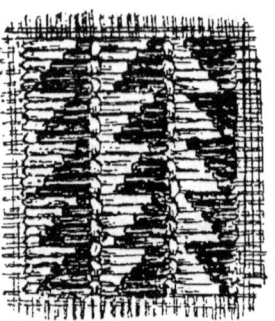

on coupe le milieu par un point de piqûre en nuance heurtée.

POINT DE DAMAS.

Le dessin nous le montre tellement clairement que point ne serait besoin d'explication.

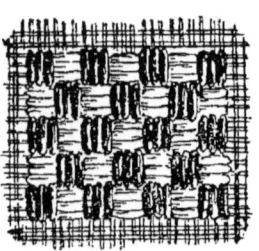

On comprend très-bien que l'on fait trois points lancés dans un sens en long, par exemple, et trois dans l'autre en travers, en contrariant l'arrangement aux rangs suivants et en alternant les nuances gris et bleu, cerise et blanc.

POINT PIQUÉ.

Ce point se fait entièrement en points lancés droits sur quatre fils en travers et un dans le long

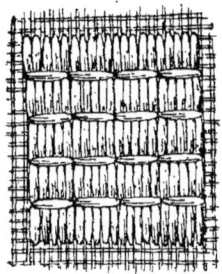

que l'on sépare par des points de piqûre ou points arrière de nuance tranchée.

TABLE DES MATIÈRES.

CHAPITRE PREMIER.
Frivolité 3

CHAPITRE II.
Filet 25

CHAPITRE III.
Crochet ordinaire 63

CHAPITRE IV.
Crochet tunisien 83

CHAPITRE V.
Tricot 127

CHAPITRE VI.
Guipure renaissance 161

CHAPITRE VII.
Tapisserie 193

LA MODE DE PARIS

5, faub. Montmartre L'ILLUSTRATEUR DES DAMES faub. Montmartre, 5

L'Illustrateur des Dames — MODE DE PARIS, — paraît tous les dimanches, en huit pages grand format, papier de luxe, splendidement illustrées de gravures sur bois, dessinées, gravées et imprimées à Paris, *expressément pour le Journal*.

Il publie deux éditions dont voici le détail :

Première Édition à.... 25 fr. Paris et Départements. »	Deuxième Édition, Paris 12 fr. Départements...... 14 fr.
Un numéro illustré chaque semaine.	Un numéro illustré chaque semaine.
Une gravure de mode coloriée à la gouache chaque semaine.	
Une planche imprimée de patrons en grandeur naturelle chaque mois.	Une planche imprimée de patrons en grandeur naturelle chaque mois.
Une planche de broderies chaque mois.	Une planche de broderies chaque mois.
Une planche de tapisserie coloriée tous les deux mois.	Une planche de tapisserie coloriée tous les deux mois.
Une planche de petits travaux à l'aiguille chaque mois.	Une planche de petits travaux à l'aiguille chaque mois.

Enfin chaque numéro est accompagné, *dans les deux éditions* d'une partie littéraire donnée en supplément et formant à la fin de l'année plusieurs volumes du prix de 5 fr. chaque en librairie.

De plus l'*Illustrateur* offre toute l'année des primes gratuites à ses abonnées.

CEINTURES-RÉGENTES

DE

Mmes de VERTUS Sœurs

BREVETÉES

27, rue de la Chaussée-d'Antin, (ancien 31)

PARIS

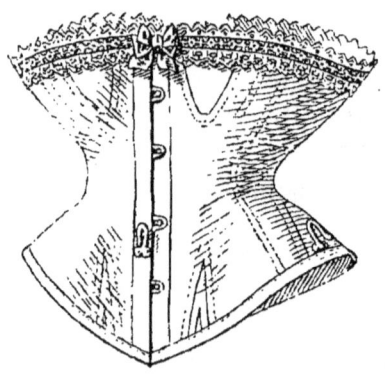

Mesures nécessaires pour confectionner les Ceintures-Régentes

CES MESURES DOIVENT ÊTRE PRISES ÉTANT HABILLÉE

Tour de la Taille à la ceinture................
Largeur de la Poitrine....................
Tour des Hanches......................
Longueur du Busc......................
Longueur de la Taille sous le bras........

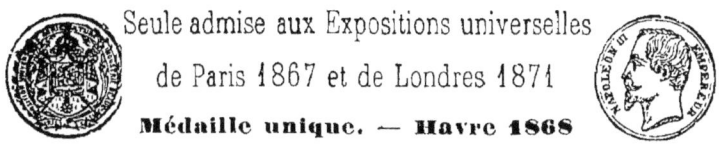

Seule admise aux Expositions universelles
de Paris 1867 et de Londres 1871
Médaille unique. — Havre 1868

EAU DES FÉES

POUR LA JEUNESSE PERPÉTUELLE

DES CHEVEUX ET DE LA BARBE

La plus Inoffensive, la plus Élégante et la plus Efficace

DES TEINTURES PROGRESSIVES

RIEN A CRAINDRE

DANS L'EMPLOI DE CETTE EAU MERVEILLEUSE DONT

Mme SARAH FÉLIX

S'EST FAITE LA PROPAGATRICE

ENTREPOT GÉNÉRAL, RUE RICHER, 43, PARIS,

Dépôt chez les principaux Coiffeurs et Parfumeurs
de la France et de l'Étranger.

Paris.—Imp. Félix Malteste et Cie, rue des Deux-Portes-St-Sauveur, 22.

www.ingramcontent.com/pod-product-compliance
Lightning Source LLC
Chambersburg PA
CBHW060130170426
43198CB00010B/1106